印烙柬埔寨

印烙柬埔寨

印烙柬埔寨

CERTIFICATE OF REGISTRATION

The Management System of

LAO HANG HENG WINES CO., LTD.

169, Mao Tse Tung Blvd., Sangkat Toul Svay Prey 1, Khan Chamkamorn, Phnom Penh, Cambodia

has been assessed and complying with

ISO 9001:2008

for the following activities

Production, Sales and Distribution of Herbal Wines

Date of Issue: 02 February 2014 Date of Expiry: 01 January 2017

Initial Certification: 13 December 2007

Certificate No. 457107

The validity of this certificate can be verified from the following website www.gicg.co.uk

Guardian Independent Certification Ltd

Accredited by Member of the IAF MLA

IAF

UKAS

143961

CAEXPO

荣誉证书

CERTIFICATE OF ACHIEVEMENT

"A Decade of Support for 10 Successful CAEXPOs"

CAEXPO 10th Anniversary

Best Exhibitor Award

is presented to

Lao Hang Heng Wine Co., Ltd.

for your important contribution to the CAEXPO

by

the CAEXPO Secretariat

on September 4, 2013

印烙柬埔寨

华人勋爵杨国璋

张　照◎著

中国财富出版社

图书在版编目（CIP）数据

印烙柬埔寨：华人勋爵杨国璋／张照著．—北京：中国财富出版社，2016.5

ISBN 978－7－5047－6113－2

Ⅰ.①印…　Ⅱ.①张…　Ⅲ.①杨国璋—传记　Ⅳ.①K833.355.38

中国版本图书馆CIP数据核字（2016）第080160号

策划编辑	李彩琴	**责任编辑**	李彩琴		
责任印制	方朋远	**责任校对**	杨小静	**责任发行**	敬　东

出版发行	中国财富出版社		
社　　址	北京市丰台区南四环西路188号5区20楼	**邮政编码**	100070
电　　话	010－52227568（发行部）		010－52227588转307（总编室）
	010－68589540（读者服务部）		010－52227588转305（质检部）
网　　址	http://www.cfpress.com.cn		
经　　销	新华书店		
印　　刷	北京京都六环印刷厂		
书　　号	ISBN 978－7－5047－6113－2/K·0211		
开　　本	710mm×1000mm　1/16	**版　　次**	2016年5月第1版
印　　张	13.25　　彩　插　4	**印　　次**	2016年5月第1次印刷
字　　数	144千字	**定　　价**	58.00元

序　言

杨国璋勋爵是一位见证和亲历柬埔寨国家独立、社会动荡与和平发展的风云人物。他励志实业报国，结合中国传统工艺创立柬埔寨民族酒业品牌，数载商海辛勤拼搏，几经战火跌宕起伏，最终成就非凡事业。不论时代、国家、社会如何变迁，他始终坚守事业理想，从不改其心志，带领其独创的品牌不断重获新生，成为柬埔寨民族工业的标杆，为柬埔寨经济社会发展做出了贡献。

作为一位知名侨领，杨国璋先生积极参与本地华人社团建设，热心华社公益事业，关心华文教育；身体力行捐款出力，凝聚华社团结，促进互助发展。长期以来，他为中、柬传统友谊与民间交流做出了积极贡献，得到两国社会各界的充分肯定和高度赞誉。

杨国璋先生虽然身居海外，却始终情系祖籍国同胞，念念不忘造福桑梓。当中国四川汶川地震、青海玉树地震和甘肃舟曲特大泥石流等自然灾害发生后，他心系灾区，第一时间捐出救灾善款，帮助国内灾区同胞渡过难关，重建家园。近年来，他还积极关注中国经济社会发展，并矢志将自身事业发展融入中国梦的伟大进程，充分彰显其根植华夏的拳拳赤子之心。

功崇惟志，业广惟勤。从杨国璋先生身上，我们可以看到无数海外华人百折不挠的坚定信念、自强不息的奋斗精神以及重诺守信的优秀品格。人生的艰难坎坷和隐忍奋斗，累积成杨国璋先生的宝贵财富，为其印烙上独一无二的时代印记。让我们打开本书，来领略杨国璋先生的精彩人生。

中华人民共和国驻柬埔寨王国特命全权大使

2016 年 2 月 1 日

目 录

杨国璋虽然是柬埔寨国籍，但是中国潮州才是他真正的家。三次回乡太少，不过在杨国璋的梦里，他已经回潮州无数次了，潮音、潮俗、潮戏、潮绣、潮菜……这一切他都太熟悉不过了，也许他从来都没有离开过潮州。

“缘分是个很奇怪的东西，少年的时光真的很美好！”在经历了世间几十年的酸甜苦辣后，杨国璋方才回味：原来年少时的自己“不识庐山真面目，只缘身在此山中”。不过，回忆起来，少年的情怀还是如诗、如画。

沉浸在新婚喜悦中的杨国璋还没有反应过来，父亲便将事业的重担转移到他的肩头。从此，杨国璋正式开启柬埔寨“酒王”的跌宕人生。杨国璋没有满足于父亲留下的家业，当父亲让他接班的那一刻，他心里只有一个想法：创业。

杨国璋是一名地地道道的商人，从未参与政治，谈到每一个政治问题时都十分的谨慎，不会轻易下结论，总是以一个旁听者的身份，愿意倾听来自任何一方的意见。然而，杨国璋一生的起伏却与国家的政治紧紧相连。

喝过湄公河的水，又饮香江水。杨国璋避难香港，再次创业，用智慧和勤劳打拼出了一片新天地。柬埔寨始终是他的牵挂，他最想踏上的土地还是柬埔寨。自与西哈努克国王在中国香港拥抱的那一刻起，他就看到了柬埔寨和平的曙光，等待光明，等待回家，无论多久，他都心甘情愿。

阔别25年，杨国璋再次踏上柬埔寨的国土时，热泪盈眶，心中暗暗下定决心：我再也不离开柬埔寨啦！仅用两年时间，杨国璋在这个曾经创造奇迹的地方重新崛起。此时，“中国梦”成为他今生的唯一梦想。

财富取之于社会，用之于社会是杨国璋为人处世的人生哲学。他在发展事业的同时，把回馈社会、支持柬埔寨华人社团建设、支持华文教育事业作为企业发展的重要部分。他心系祖籍国、情结民族魂的赤子心，使之不断为祖籍国灾区捐款，向同胞们伸出温暖之手。

泡上一杯浓浓的工夫茶，畅谈天下事，杨国璋飘逸着茶香的办公室里总是聚着一些认识或不认识的来自世界各地的朋友。茶韵袅袅，品味人生，他依然“志在千里”，规划着企业的发展蓝图。

第一篇

中国心

1

梦回潮州

1964年的春节，对中国的老百姓来说，跟往年的春节没有什么区别。但是，对身在柬埔寨首都金边的林婵杏来说，却是一个具有特殊意义的盛大节日：她要回中国探亲了。

20世纪30年代，由于中国国内动乱频繁，军阀混战不休，经济和社会环境受到严重破坏，民生无法维系，林婵杏跟丈夫杨少先婚后不久便在乡亲的介绍下，从广东潮州出发，坐船在海上漂泊了6天6夜，到达越南西贡，然后由西贡转陆路最终到达华人较多的柬埔寨干拉省加江地区。谁知这一来便是30年，转眼间自己已是年过半百的老人，而丈夫杨少先已在几个月前离她而去，再也没有机会夫妇同回梦里回过千百次的潮州老家了。

回家的兴奋暂时让林婵杏老人淡忘了丈夫过世的忧伤，想到就要见到30年未见的双亲，林婵杏经常喜极而泣。林婵杏当时的情绪

深深地感染了儿子，半个世纪后，儿子杨国璋依然能够感受到母亲当时的心情：“我母亲那时身体已经不太好了，当她决定回国后，真是激动得不得了，跟个孩子似的，精神状态很好，回国前好长一段时间睡不着觉，我从来没有见过她那么高兴。”

杨少先、林婵杏夫妇的老家位于现在的中国广东省潮州市潮安县江东镇红砂村。杨少先出生于1899年，排行老四，当他在柬埔寨稳定后，二哥和五弟也先后来到了柬埔寨。目前，潮州老家只有大哥一家人，三弟则在越南迪石。林婵杏出生于1911年，过世于1999年。她是一位普通的中国农村妇女，继承了中国妇女的贤惠与勤劳。在杨国璋的眼里，母亲是一位“持家好手”。

杨国璋的父亲杨少先先生

杨国璋的母亲林婵杏女士

1963年杨少先过世时，留下6个子女，最大的儿子杨国璋也才26岁，刚成家没几年。林婵杏独自一人将6个子女抚养成人、操持他们成家立业。如今，6 个子女事业各有所成，大儿子杨国璋与四儿子同在柬埔寨金边做生意，二儿子和六女儿在法国，三女儿在加拿大，五女儿则在美国迈阿密对面一个法属的岛上开了一家超市。

也许是相处时间较长的缘故，杨国璋对母亲的印象比父亲更深刻一些。谈论母亲时，杨国璋脸上总是露出温馨的笑意，眼神凝视着前方，仿佛要透过流逝的时光回到从前与母亲在一起的日子。

对于老家潮州，杨国璋了解的并不多，他 1938 年 5 月出生于金边，对老家情况的了解大多源自于母亲的口述。

潮州位于中国广东省东部的韩江中下游，从汉武帝元鼎六年（公元 111 年）成立古揭阳县算起，至今已有 2100 多年的历史。它以历史悠久、物产丰富、文化发达、人杰地灵著称于世，素有“海滨邹鲁”“岭南名邦”的美称。

古潮州濒临南海，自隋朝以后因潮水往复而得名。相传有凤来仪，因而别称凤城、凤楼城。潮州自古以来就是历代郡、州、路、府治所在地，为粤东政治、经济、文化的中心。潮州北高南低，中部和南部为广袤富饶的韩江三角洲平原，盛产大米、甘蔗、茶叶、柑橘、荔枝、龙眼等农副产品，潮州北有金山，东有笔架山，西有葫芦山，浩瀚的韩江绕廓南流，构成“三山一水护古城”的壮丽图景。湘桥春涨、凤台时雨、龙湫宝塔、韩祠橡木、北阁佛灯、西湖渔筏、金山古松、鳄渡秋风潮州八景，更令人流连陶醉。

潮州不仅风光旖旎，钟灵毓秀，而且是人文荟萃之地。唐宋两

如今的潮州已是流光溢彩，无法寻觅百年前祖辈时的衰败

代有十位宰相由于各种原因来到潮州，带来中原文化，并兴利除弊，为潮州的经济和社会的发展做出了贡献。唐代著名文学家韩愈被贬为潮州刺史，在这里留下了“为官八个月，江山易姓韩”的美谈。明清两代，潮州更是人才辈出，灿若星河。近代以来，更是名流辈出，其中，亚洲首富李嘉诚便是潮州人。

母亲林婵杏第一次回潮州探亲返回柬埔寨后，为杨国璋讲述了在家乡的所见所闻，就从那个时候起，回潮州看一看的念头开始在杨国璋的脑海里渐渐扎了根。后来，随着生意越做越大，接触的中国人越来越多，了解的中国信息越来越全面，回潮州的想法更加强烈起来。

1987 年，又一个中国春节。杨国璋终于踏上了潮州土地。第一次真真切切地听到潮州客家话，杨国璋备感亲切。在父亲杨少先的老家红砂村，他受到热情款待，好客的乡亲们虽然从未与这个“潮州人”谋过面，但是上了年纪的老人们还是能从杨国璋的面貌依稀记起杨少先。乡亲们拿出了糕点、红蛋、烧肉等款待远道而来的杨国璋。

1989 年和 2014 年春节，杨国璋又曾两次回潮州。不过，2014 年回潮州时，他没有再去乡下了，此时住在乡下的表哥已经搬进了城里，侄子在城里教书。相比前两次回乡的情景，杨国璋感慨很深：“潮州变化真大，到处都是高楼大厦，大家的生活都好了。”

杨国璋回潮州只有三次，而且每次回来都选择春节。他认为，春节就是中国人团圆的日子，他也不例外。虽然自己是柬埔寨国籍，但是中国潮州才是他真正的家。

三次回乡太少，不过在杨国璋的梦里，他已经回潮州无数次了，潮音、潮俗、潮戏、潮绣、潮菜……这一切他都太熟悉不过了，也许他从来都没有离开过潮州。

2
沧桑潮人

柬埔寨的潮州人历史悠久，作为一个具有优秀物质和优良文化的族群，他们在异国他乡的发展历程充满艰辛，充满曲折，充满辉煌，历经沧桑岁月的陶冶历练，如同一部深刻而悠扬的中国海外移民史诗。

早在宋元时期，就有潮州人向南洋诸国移民。移民的主要成分有两种：一是躲避战乱，而迁出的平民；二是从事违禁贸易，海上走私，为逃避官方追捕而流亡的江湖人士。

有文字记载最早到达柬埔寨有名有姓的潮州人是林道乾。林道乾是明代潮州澄海苏都南湾村人，曾为潮州小吏，后来聚众走私，成为武装商旅集团的领袖人物，在明嘉靖、万历年间，纵横海上三十余年，与官兵多次交战，足迹遍及今天的中国台湾、越南、菲律宾、柬埔寨、泰国等地。据说，他到柬埔寨时，因为当地潮州人黄姓人数众多，林道乾便改姓黄。虽然林道乾后来定居泰国，但跟随他到柬埔寨的潮州人和当时已经在柬埔寨的潮州人，应该就是柬埔寨最早的潮州移民。

清代初期，朝廷为了切断沿海大陆地区与台湾的联系，特别是对曾经作为郑成功起兵和抗清基地的潮州地区，实施“斥地迁界”，厉行海禁，使得不少反清志士和大批潮州贫民冒险出洋，迁往东南亚各地定居，其中大部分人沿中国广东和广西的海岸前往越南、柬埔寨等地。

清代末期，随着帝国主义列强侵略中国，清廷国力衰减，战乱纷纷，连年灾荒，民不聊生，潮州人再次被迫大量迁往南洋，其中许多人辗转到达柬埔寨。

潮州人移民到柬埔寨初期被称为“新唐”，他们一般都是在乡亲的介绍或推荐下到达柬埔寨的，再经那里的“翁帮”（侨领）根据不同的条件介绍到不同的行业中去，如理财的称为“财傅”，当经理的称为“家丈”，有工艺技能的当学徒，如果没关系，也没技能的，便下乡种田或去码头当工人。由于柬埔寨具有较适于基本生存要求的自然环境，所以非常吸引潮汕地区贫穷的老百姓，许多人在这里温饱有余，成家立业后，就在柬埔寨逐渐聚集发展起来。

随着侨居柬埔寨的人数增加，潮州人在当地聚族而居，逐步形成潮州人侨民社会。清同治年间，柬埔寨潮州人已经在每年酬神赛会时，专程从家乡聘请潮剧班到柬埔寨表演，当时有“红囊班”

“青囊班”等有名的戏班，经常被请到柬埔寨演出。这表明，潮州人族群的规模已经相当庞大，在经济上也有较大的发展，具备了一定的社会活动能力。

新中国成立前，也是潮汕地区出洋人数最多的时期。杨少先夫妇就是这一时期到达柬埔寨的。到抗日战争时期和三年国内战争期间，由于日本帝国主义的残酷侵略，以及国民党政府的腐败、崩溃，又一次引发潮州人向东南亚移民。

据统计，1921 年，柬埔寨潮州人约有 7 万多人，这基本是 300 多年来潮州人移民柬埔寨人数的总和。到 1946 年，柬埔寨的潮州人增加到 20 多万。

20 世纪五六十年代，越南、老挝战火纷飞，而柬埔寨却是一个和平的“绿洲”，从而引发了一次邻国华人向柬埔寨再移民的高潮。这一时期，柬埔寨的潮州人达到 33 万余人，首都金边市也由于众多潮州人居住而赢得“小潮州”的美誉。

从 1970 年开始，柬埔寨政局动荡，柬埔寨的潮州人随之经历了空前的悲惨苦难，许多人无辜惨死，一些人被迫再次移民他乡，还有一些人作为难民流落到法国、加拿大、美国、澳大利亚、新西兰等一些国家和地区，使得柬埔寨潮州人的数量锐减。

20 世纪 80 年代以后，柬埔寨王国政府实行多元化的民族政策，柬埔寨华人迎来历史性的机遇，柬埔寨潮州人的地位得到极大的改善和提高，并逐步融入主流社会，作为柬埔寨王国的合法国民，在经济文化等各个领域大显身手，建功立业，蓬勃发展，开创史无前例的新纪元。

经过多年的休养生息，潮州人不仅在柬埔寨的重建事业中做出了重大贡献，而且人口数量也有了很大的恢复和增长。目前，柬埔寨潮籍人口达到40多万，占柬埔寨华人总人口的80%左右，大部分集中在城市，约有三分之一居住在首都金边市，其余主要集中在马德望、暹粒、磅湛、干拉等经济较发达省份的省会城市。

3

中国情结

杨国璋有着很浓厚的中国情结。在柬埔寨的潮州籍华人由于远离家乡的缘故，他们十分珍视家乡的传统文化，直至今日，当祖国大陆很多民俗逐渐消失时，柬埔寨当地华人还很完整地保留着老祖先遗留下来的那些传统习俗。出生在柬埔寨的杨国璋正是在这种环境下成长起来的。

如今柬埔寨华人所保留下的习俗大多是通过一代又一代人的口口相传，对于从小就充满好奇心、喜欢中国文化的杨国璋来说，他并不满足于此，他总是千方百计地寻找一切可以汲取中国文化的机会。

杨国璋最感兴趣的是中国的历史和戏曲。他喜欢看《三国演义》和《水浒传》，特别是《三国演义》中的谋略故事，杨国璋从中受到很多启发，对他后来的生意起到了很大的帮助。

遇到一些喜欢中国文化的后辈们，杨国璋总会兴致勃勃地为他们讲“三顾茅庐”“草船借箭”“火烧连营”的故事。不过，他也有一个困惑：《三国演义》的作者罗贯中书中写道：“卧龙、凤雏得一人可安天下”，为何刘备得到了两人却没有安天下呢？也许作者带有夸张的部分，但是杨国璋从中至少总结出“人才对于做事业至关重要”这一结论。由于对《三国演义》的喜爱，杨国璋还看过满篇文言文的《三国志》，他说《三国志》就是一部三国人物传记，没有《三国演义》里的故事精彩。

几乎每个潮州人都爱看潮州戏，杨国璋也不例外。潮州戏是中国一个古老的地方戏曲剧种，有400多年的历史，有传统曲牌200多支、乐曲1000多首。杨国璋对潮州戏中的精品剧目，如《荔镜记》《苏六娘》《扫窗会》《杨令婆辩十本》《闹钗》等，十分地熟悉，很多剧目反复看过无数遍，只要听到乐响，就知道是哪一出戏，只要演员一开口，就能合上下一句腔调。说起潮州戏，杨国璋很是为家乡的文化感到自豪，因为潮州戏曾两次作为中国的文化使者访问柬埔寨和泰国，为国与国之间的文化交流做出了贡献。目前，潮州戏已经成为联结全世界潮州人的纽带，并成为华侨和当地人民共同享有的文化财富，具有不可代替的位置和影响力。

因为对潮州戏的喜爱，“追戏”的事时常发生。年轻时，金边有个金塔戏院，会放一些中国电影和戏曲，杨国璋是那里的常客。金塔戏院有两层，楼上票价13瑞尔（柬埔寨法定货币），楼下票价17

瑞尔，那个年代，柬埔寨刚刚建立起自己的金融体系，金边人习惯将“瑞尔”称为“金边钱”，1 美元兑 35 瑞尔，十几瑞尔的票价对于当时的金边人来说还是十分昂贵的。

后来，去中国的机会多了，科技也发达了，杨国璋就会收集一些潮州戏的碟子，这样就算金边剧院不演，自己也可以在家里欣赏了。但是，只要有中国剧团来金边演出，杨国璋每每必去，“追戏”热情不减当年。

2014 年 3 月，柬埔寨潮州会馆成立二十周年庆典时，潮州会馆特意邀请中国广东省汕头市第二潮剧团一行 70 人在金边钻石岛歌剧进行了 3 天演出，剧目有杨国璋十分喜爱的《苏六娘》《龙凤宝烛》《洗马桥》等，杨国璋过了一个足足的“戏瘾”。

对于老一代的柬埔寨华人来说，看潮州戏，就是同家乡的亲近。随着时代的发展，杨国璋不无担忧地说，现在许多年轻的潮裔后代对潮州文化和潮剧一知半解，他们更愿意接触一些流行的前卫文化，时间长了，他们的中国情结比起我们这一代人，已经慢慢淡化了。

只要是带有中国元素的东西，杨国璋都喜欢。早在 1957 年他就曾看过《白毛女》，虽然不会唱，但是对剧中“旧社会把人变成鬼，新社会把鬼变成人”的台词记忆犹新，包括一些当今中国青年人都很少看的《冰山上的来客》《女篮五号》《五朵金花》《白求恩大夫》等，他都看过，而且时常会“温习”一遍。

1966 年 11 月，第一届亚洲新兴力量运动会在柬埔寨金边市举

潮剧团向潮州会馆赠送牡丹花国画，左一为杨国璋

行，中国派出代表团参加了此次运动会，运动会举行了 11 天，杨国璋就有 9 天在现场为中国运动员加油呐喊，中国运动员每获一枚奖牌，他都会兴奋地奔走相告。半个世纪后，这种国家的荣誉感仍然激荡在他的心中。每当提起那次运动会，他讲述的声调仍然高昂，脸上呈现出无以言表的自豪感。在那次运动会上，杨国璋见到了容国团、陈满林、肖祥明等中国著名的运动员。

4

加入柬籍

同所有土生土长的柬埔寨人一样，杨国璋对西哈努克有着很深的感情。西哈努克 1941 年继承王位，1953 年带领柬埔寨人民摆脱法国的殖民统治，在柬埔寨享有极高的声誉和地位。因为经历过法国的殖民统治，在杨国璋心中，西哈努克就是柬埔寨的英雄。柬埔寨获得独立时，他虽然没有加入柬埔寨国籍，但是他从小就学柬埔寨语，对高棉文化已经有了较深入的了解，开始慢慢融入到高棉民族之中。

炎黄血热。杨国璋一方面努力地让自己成为一个“柬埔寨人”，另一方面却又对那片从未踏足的国度——中国，充满着好奇，时刻关注着中国的一举一动。然而，一个尴尬却伴随着杨国璋二十多年。

杨国璋的父母是在新中国成立前来到柬埔寨的，1949 年新中国成立后，杨国璋的父母祖籍在中国潮州，当时的柬埔寨政府并没与新中国建交。杨国璋出生在柬埔寨，也没有获得柬埔寨国籍，很长一段时间处于无国籍状态。父母也因此几十年未曾回国探亲。直到杨国璋近 20 岁时，这种情况才出现转机。

1956 年 11 月 22 日，周恩来总理应邀访问柬埔寨，随同访问的有副总理贺龙等人。这是一个轰动亚洲，乃至世界的外交活动。访问期间，西哈努克会见了周恩来总理、贺龙及随行人员。周恩来总理同西哈努克、柬埔寨首相桑云和王国政府的其他成员进行了会谈，双方就两国的问题和共同关心的国际问题友好地交换了意见。

周恩来总理是第一位踏上柬埔寨国土的新中国领导人，对于几十年甚至上百年如浮萍般生活在柬埔寨的华人来说，这就是一次“亲人”对曾经被遗忘的“旧人”的探望。很多华人听到这个消息后，激动地流下了泪水。周恩来总理到金边的那天晚上，金边的华人，包括一些省外的华人，都自发地聚集在皇宫周围，到晚上时，皇宫已经围得水泄不通，杨国璋也早早挤在人群之中。

那天，周恩来总理受到了西哈努克的热情招待，直到第二天凌晨一点多，他才在西哈努克的陪同下，坐着敞篷车慢慢驶出皇宫同等候在外的华人、华侨和柬埔寨民众见面。血气方刚的杨国璋远远地看到西哈努克身边站着一位满面笑容的和蔼老人时，知道那就是中国来的周总理。他大声地呼喊着“周总理”，可是周总理哪里能听到他的声音，千万声“周总理”将他的喊声汇集成巨响传递给远处的周恩来总理。“那天没有人觉得累，没有人能睡得着，即使整个晚上在皇宫外面等待周总理都可以。”杨国璋说见周恩来总理的情景终生难忘，虽然后来他见过很多中国来的领导人，但是激动的心情永远比不上那次。

周恩来总理访问柬埔寨是有故事的，这是杨国璋后来从书上看到的。

西哈努克与周恩来总理相识在1955年4月的万隆亚非会议上。万隆会议期间，会场的气氛曾一度十分紧张，直到周恩来总理上台后，他说：“中国代表团是来求团结的，不是来吵架的”，随后，立刻扭转了整个会场紧张的局面。来自佛教王国的西哈努克，第一次领略了周恩来总理的足智多谋和出奇制胜的外交风采，对周恩来总理的印象非常深刻。西哈努克曾回忆说，在亚非会议上，有4位超级巨星，而来自中国的周恩来总理比其他3位更为杰出。是周恩来总理的讲话，把大家团结起来的。听了周恩来总理的讲话，西哈努克竟然喊出了“中立”的口号，而这一口号实际上是对美国的挑战，也是对中国的道义支持。会议结束后，第一个去拜访西哈努克的就是中国的总理周恩来。西哈努克过去没有见过周恩来总理，周恩来总理给西哈努克留下了深刻印象。这一次的相识，使他们之间建立了超乎寻常的友谊。

会议期间，周恩来总理邀请西哈努克吃饭，并为西哈努克夹菜，说是从北京带来的厨师专门为他做的，要多吃一点。周恩来总理还高度评价和赞扬西哈努克为实现柬埔寨的完全独立所进行的胜利斗争和不懈努力，并表示中国愿意与柬埔寨建交，建交的时间完全取决于西哈努克。西哈努克感激之情油然而生，他认为这些举动反映了周恩来总理对自己的态度，是对自己的尊重和诚意，也证明了周恩来在互相尊重上言行一致，西哈努克当场决定邀请周恩来总理访问柬埔寨。于是，就有了后来周恩来总理对柬埔寨的访问。

在周恩来总理访问柬埔寨之前，西哈努克曾于 1956 年 2 月对中国进行了回访，并同周恩来总理发表联合公报，确认“和平共处五项原则”应被作为中、柬两国关系的坚定不移的方针。西哈努克对中国的首次访问，取得了出乎意料的成果。在当时中国经济不富裕的情况下，中国无偿地援助柬埔寨价值 800 万英镑的物资和商品，援助柬埔寨建设三座大型工厂。到 1958 年，中国又援建柬埔寨三座工厂。

1958 年 7 月，柬埔寨政府决定放弃过去对中国大陆和台湾当局“中立”的政策，承认中华人民共和国为中国的唯一合法政府。7 月 19 日，柬埔寨和中华人民共和国建立正式外交关系。

柬、中建交后，来自中国大陆的华人终于可以以“中国人”的身份生活在柬埔寨国家。柬埔寨和中国政府之间签署的协议也极大地保障了当地华人的权益。不过，柬埔寨政府对华人的限制并没有完全放开，当时政府还规定 18 种行业是不允许华人涉足的，比如理发业。就在柬、中建交的那一年，杨国璋结婚了，妻子是柬埔寨人。为了方便生意，有些营业执照只好用妻子的名字办理。

随着柬、中两国关系的友好发展，个人生活的稳定，事业的发展，杨国璋觉得“中国人”的身份越来越不方便。于是，在柬、中建交的第二年，他就向法院申请加入柬埔寨国籍。当时手续很简单，只要懂柬埔寨语就可提出申请。就这样，杨国璋成了一名柬埔寨人，摆脱了 20 多年没有国籍的“中国人”身份。

加入柬埔寨国籍后，杨国璋的一颗中国心却从未变过“色”。

第二篇

少年强

5

战乱童年

杨国璋的父辈们来到柬埔寨之前，柬埔寨已是法国的殖民地。19 世纪后期，柬埔寨逐渐丧失主权，沦为法国的保护国，但是法国在柬埔寨的统治相当宽松，只是象征性的驻军和代理外交事务，而且保护传统，柬埔寨王室一如既往地存在，柬埔寨人民的佛教信仰也得到尊重，因此柬埔寨始终没有变成基督教国家。到杨国璋出生时，世界形势发生了巨大变化，第二次世界大战打响快一年了。不过，第二次世界大战之初，柬埔寨没有受到战火的影响。

1940 年，法国军队被联邦德国军队击败，第一次世界大战的英雄贝当元帅领导的法国政府与联邦德国签订停火协议。根据这个实质投降的协议，贝当政府总部设在法国中部非占领区的维希，故被称为“维希政府”。维希政府下令海外属地与德日意轴心国合作对抗盟军。在这种情况下，柬埔寨也被拉入了第二次世界大战的战火之中。

1941 年，日军自己先不动手，而是唆使泰国军队进攻柬埔寨的法军，但海陆两路泰军均被法属印度支那军队击退。这时，日本出面干预，迫使法国殖民当局与泰国的代表在东京签署了一个条约，使柬埔寨失去了三分之一的国土，就是这个颠倒胜败的条约，让西哈努克的外祖父莫尼旺国王一气而驾崩，于是年仅 19 岁的西哈努克继位。尽管有维希政府的承诺，日军还是在 1941 年 12 月 8 日偷袭珍珠港之后进占柬埔寨。

柬埔寨并非军事要地，日军当时只在柬埔寨驻扎了一个大队的兵力，而且允许法国殖民机构继续存在，于是就形成了法国殖民当局和日本军事当局双重统治的局面。

金边被日军占领后，杨少先一家人在柬埔寨生活得更加谨慎。为了生存，勤劳聪明的杨少先此时已经不再从事农业生产。柬埔寨地处亚热带，常年高温，杨少先认为这是一个商机，他把在柬埔寨几年的积蓄投资办了一个汽水厂，并找了一些在加江的华人帮忙。

战火持续着，金边的热浪一股接一股，杨少先一家人依靠汽水厂就这样在战争的缝隙中艰难地生存着。

在战争年代，有了父亲汽水厂生意的支撑，杨国璋的童年相对于那些无家可归、食不果腹的孩子而言，要幸福很多。当时，杨少先的汽水厂相当于一个家庭作坊，位于金边市巴黎街，离日本驻军总部仅一街之隔。他常告诫杨国璋不要靠近日军驻地，且少在外行走。杨国璋虽有儿童顽皮的天性，但是每当日军从街上过时，他都远远地躲着大气不敢出。

金边巴黎街留下了儿时杨国璋的无数脚印

童年的杨国璋对日军的记忆永远难忘："日军每次从街上过时，都会牵着一条条的大狼狗，腰间挂着长长的军刀，有些矮个子日本军官的刀鞘都能拖到地上。所有的老百姓躲在街两旁，很紧张，一声不吱，就连金边本地的狗都不敢叫。"

日军的存在，杨国璋的童年少了很多乐趣，但也算平安无事。1944 年，杨国璋 7 岁，在中国这个年龄已经开始进私塾上学了。正好，离杨家不远处有家广东人办的南华学校，杨少先就将杨国璋送到南华学校上一年级。

杨国璋到南华学校上学没多久，金边的形势越来越紧张，城市上空经常会响起防空警报，人心惶惶。第二次世界大战进入尾期，德日意轴心国败局已定，盟军在东南亚地区的反攻势在必行。成天不断响起的警报声扰乱了人们正常的生活秩序，警报一响，人们立即关门闭市，好在每次都是虚惊一场。

杨国璋儿时居住的楼现今依然存在

1944年12月25日，这一天是西方的圣诞节，一大早，金边上空的警报又响了起来，市民们都躲在家里等待着警报停下来好出门办事。可是，这天的警报比往常响的时间更长。不久，杨国璋就听见一阵阵的“嗡嗡”声在金边上空响过，接着就是巨大的爆炸声。

杨国璋一家人和汽水厂的工人们紧紧地围在一起，竖起耳朵听着外面的一举一动，直到警报声息，听到外面一阵阵嘈杂的叫喊声后，杨少先才打开大门出去打探情况。原来，盟军炸了与汽水厂只有一街之隔的日军总部。

杨少先出了一身冷汗，心里后怕极了：要是盟军有一颗炸弹偏离了位置，一家人就完了。他赶紧回家对工人们说：“你们快些收拾东西回乡下避一下，今年就不要来金边了。”

杨少先给工人们分发了工资和路费后，带着家人简单地收拾了一下，当天便坐船走水路去了加江乡下。

在加江，杨国璋一家人一住就是两年。这期间，日本投降，第二次世界大战结束，法国人又回到柬埔寨，迫使柬埔寨于1946年年初签订了《法柬临时协定》，重新确立了对柬埔寨的殖民统治。不过，这些与杨国璋已没有太大的关系，在乡下，他不用听警报，不用担心日本人，无忧无虑地享受了两年快乐的童年生活。

6

求学端华

避难加江的两年，杨国璋的学业没有落下，父亲杨少先将他送到当地华人开办的乡塾学校学习。两年后，杨国璋再次回到金边时就直接去了福建人开设的真华学校读三年级。一年后，10 岁的杨国璋转入端华学校读四年级。

端华学校是柬埔寨著名的华校，名扬海外，其建校历史可以远溯百余年前。1914 年，潮州人刘泰生、吴起汉等发起撤销潮州会馆洪门团体组织的长江局锣鼓班，改为文化机构，发展华文教育，将潮侨私塾迁入会馆，这便是端华学校的前身。1918 年，私塾定名潮州公立端华学校，略具学校雏形。1927 年，端华学校增设女学部，聘翁文璧、张漪文两人主持，会馆两旁分男女教室授课。1934 年，端华学校开办初中补习班，1936 年因经费困难，初中补习班停办。1944 年，端华学校改用普通话教学，学生人数日增，同年增设第一分校。第二次世界大战末期，盟军空袭金边日军后，市民纷纷疏散，学生锐减，仅剩 40 余名。抗战胜利后，端华学校于 1946 年正式开办初中班，学校规模逐渐扩大。1970 年后，由于柬埔寨国内战乱，端华学校曾停办多年，直至 1992 年 9 月复课。

在杨国璋就读端华学校之前，学校刚从中国式私塾转型为近代学校教学模式，由于端华学校的老师都是从中国过来的老先生，他们所接受的是中国过去最传统的教育，起初学生所读还是《千字文》《三字经》之类的传统教材。杨国璋去端华学校上学时，学校已经开始采用商务印书馆出版的新课本。

拥有百年历史的端华学校目前已是柬埔寨乃至中国境外最大的华语学校

随着时代的变化，端华学校的教学逐渐与柬埔寨当地教育接轨，学生课程也越来越丰富，除了中文外，还开有柬文、法文、历史、地理等课程，历史课讲的是中国历史，柬文当时由于缺乏当地老师，加之学校对其重视度不高，一周只上一堂柬文课，而且学校对学生的柬文水平不做要求。因此，杨国璋的柬文学习更多地来源于生活和所处的语言环境。

12 岁时，杨国璋小学毕业，此时端华学校已经开设初中班，杨国璋就直接升入初中，继续在端华求学。杨国璋的初中班主任为侯素昭先生，校长为张绚先生。

进入初中后，每个班级都有一个体现班级精神的代号，杨国璋所在班级的代号为"力行"。"力行"二字出自中国《中庸·哀公问政》一文，原文说："好学近乎智，力行近乎仁，知耻近乎勇，知斯三者，则知所以修身；知所以修身，则知所以治人；知所以治人，则能成天下国家者矣。"意思是说，爱好学习就接近"智"，努力实行就接近"仁"，知道羞耻就接近"勇"。明白了这三个方面，就知道修身的方法；知道修身的方法，也就知道了治人的方法；知道了治人的方法，也就知道了治理天下国家的方法了。所谓"力行"就是督导杨国璋一班学生努力学习，用实际行动去实现自己的梦想。

杨国璋总共在端华学校上了 7 年学，这期间的知识储备为他后来走向社会，以及几十年的商海沉浮提供了强大的能量和支撑。溯本求源，思恩念义。事业有成后的杨国璋没有忘记端华学校培育之恩，多次捐资回报母校，仅 2012 年就多次捐助母校：9 月，为庆祝端华学校复课二十周年，杨国璋捐 10000 美元助端华学校兴建新教学大楼；12 月，得知端华学校 63 岁的陈雪馨老师患病有困难，杨国璋闻讯捐助 1000 美元……

正因为有了杨国璋这样大批感恩图报的学子，端华学校办学规模不断扩大。当前，端华学校在杨启秋等潮州籍人士的领导下，已拥有教职员工近 300 人，学生 14000 多名，设有幼儿园、小学、初中、专修共 230 多个班级。

从端华学校走出来的社会栋梁之材举不胜举，除杨国璋外，柬埔寨社会名流中如柬埔寨中国和平统一促进会会长兼柬华理事总会会长杨启秋、加华集团总裁方侨生、参议院议员刘明勤、柬埔寨中国港澳侨商总会秘书长黄瑞华女士、亚洲面粉厂总裁许贞木、柬埔寨王家军三军司令顾问方灿成上将等人，都曾就读于端华学校。

2011 年 8 月，中国国务院侨务办公室曾授予端华学校“海外华文教育示范学校”崇高荣誉。端华学校学科全、质量高、规模大、影响广，已经成为柬埔寨华文教育、乃至东南亚华文教育的“最高学府”，创造了海外华文教育空前奇迹。

7

少 年 情 怀

“少年情怀总是诗”，这是香港武侠小说大家梁羽生先生20世纪60年代著作《冰河洗剑录》里面的一句话。杨国璋十分喜欢梁羽生、金庸、古龙等人的小说，青春年少时向往着侠剑柔情，事业有成时则深究人间道义。然而，当青春年少的杨国璋真正面对少女“柔情”时，却又是懵懵懂懂。

端华学校求学时，杨国璋在班里比较活跃，因为帅气有号召力，很受欢迎。由于端华学校建校初期没有完全摆脱新中国成立前体制文化的影响，师生的思想还是比较保守的，即使一个班的男女同学，也很少有交流，更不要说情感的流露。

1954年12月，杨国璋中学毕业。毕业典礼结束后，全班44位同学回到教室开始收拾各自的东西准备回家，男女同学各聚一起讨论着毕业后的前途。杨国璋和班里的男同学们谈得兴起，忽然脑海里冒出一个想法：何不搞个全班聚会呢？

“同学们，同学们，请安静下，我有个提议，大家在一起学习了3年，马上就要各奔东西了，我们不如搞一次全班大聚会，出去玩玩怎么样？”杨国璋洪亮的声音把全班同学的目光都吸引了过来。同学们先是一愣，接着有男同学起哄支持，女同学七嘴八舌地议论起来。有些男女同学一起读书3年都未曾说过一句话，现在大家要一起出去玩，太不可思议了。还是有女同学开口同意了杨国璋的提议，接着持赞同意见的女同学越来越多了，最后，同意参加聚会的男女同学3年来头一次聚在一起讨论问题，大家有说有笑，一下子亲近了很多。

第二天，杨国璋与30多位男女同学乘船到金边“小香港”游玩。“小香港”位于金边城西15千米处，要过百色河，当时河上没有桥，几十人挤在一艘船上，很多人都不会游泳，兴奋掩盖了一切担心和害怕，同学们如同3年没见面的朋友般，谈论着上学期间的趣事，笑声阵阵。

“那一天，大家都很开心，聚会结束时兴犹未尽。于是，我又提议在春节搞一次聚会。”在杨国璋的提议下，同学们在1954年的大年初一再次举行了聚会。

男同学骑着单车，载着女同学，顺着湄公河骑行，一路欣赏河两岸的景色。阳光下，男同学们微渗的汗珠划过笑脸；微风中，女同学们飘逸的长发随风轻舞，一串串的笑语洒落在青春的路上……

毕业后，杨国璋没有立即步入社会，而是又补习了一年多的英语和国画。说起学国画还有一个小故事。

经过两次男女同学聚会后，同学们相互之间少了些拘束，多了些亲近。有一天，一位女同学突然问杨国璋："你想学画画吗？"

"我学画画干什么呀，我家里是做生意的。"杨国璋感觉莫名其妙。

"郑妙婵约你学国画，她听说有一个国画老师，画的画很好，问你去不去学。"

郑妙婵是杨国璋班上最漂亮的一位女同学，说来也奇怪，中学3年不管调了多少次座位，她一直坐在杨国璋的前面。两人几乎没有说过话，偶尔需要交流也是通过小纸条或动作暗示。杨国璋虽然对国画没什么感觉，但是听说郑妙婵约自己学画，还是一口答应了。

学画一个月400瑞尔（当时35瑞尔约兑换1美元），这个价钱是很高的，好在父亲杨少先很支持儿子的学习，一口答应了。当杨国璋去学画时，才发现学画的只有他和郑妙婵两人。

教杨、郑二人画画的老师是李君可，中国广东潮州近代著名画家，因擅画莲花，人称"李墨莲"。中国抗日战争爆发时，他从中国辗转越南、柬埔寨等地华侨学校任教，在西贡、曼谷、新加坡、马来西亚等地举办画展。在柬埔寨期间，李君可曾被王室聘为宫廷画师，1961年回到中国。由于学画时间短，缺乏功底，杨国璋没有学会李先生的画技，倒是学会了如何鉴赏画作的技能。

画家李君可所画莲花图（局部）

杨国璋和郑妙婵学画期间，每天都会有男同学过来看望。这些男同学“醉翁之意不在酒”，心思全在郑妙婵身上。杨国璋不知道郑妙婵有如此多的“追求者”，还以为同学们只是凑热闹。跟郑妙婵相处的时间长了，杨国璋也有了想在郑妙婵面前“表现”一下的想法，他开口向父亲要一辆新摩托车。那时骑摩托车的人不多，如果拥有一辆新的摩托车，带着美丽的郑妙婵去写生，一定会让很多男同学羡慕的。一辆新摩托车要2000多瑞尔，父亲没有满足杨国璋的愿望，而是打了个折扣，花了1000多瑞尔给他买了一辆二手的摩托车。

杨国璋很兴奋，摩托车拿到手后，立即约郑妙婵出去写生，结果刚出门就被警察拦了下来。一场美好的约会就这样“黄了”……

一年后，杨国璋不再学画，精力投入生意之中；郑妙婵也因父亲生意受困，自己的人生境遇发生了很大的改变，后来跟金边一位较有权势的富家子弟完婚。1972年，杨国璋开办的金都戏院开业时，曾邀请过郑妙婵夫妇看戏。结婚已十多年的郑妙婵见到杨国璋时还是满脸的羞涩，如同年少。

“缘分是个很奇怪的东西，少年的时光真的很美好！”在经历了世间几十年的酸甜苦辣后，杨国璋方才回味：原来年少时的自己“不识庐山真面目，只缘身在此山中”。不过，回忆起来，少年的情怀还是如诗、如画。

第三篇

创业艰

8

力士补酒

在金边，杨少先的汽水生意一直做得不愠不火，养家糊口虽说绰绰有余，却也没有挣到什么大钱。好在柬埔寨本来就是一个小国家，本国企业也不多，生意做久了，杨少先认识的人也就多了。他希望在事业上取得一些突破。

由于生意上的往来，杨少先结识了部分在皇宫和卫生部工作的朋友。在那个物资匮乏的年代，每次朋友聚会时，总会有人介绍或带来一些新鲜玩意儿。有一次，一名在皇宫工作的朋友带出一瓶宫廷秘制的药酒，在杨少先面前吹嘘此酒功能如何强大。杨少先尝了尝，酒的味道不是很好，但是听朋友说是用很多种名贵药材泡制而成，对身体大有裨益，很受皇亲国戚的欢迎，在上层人士中很是流行。

说者无心，听者有意。杨少先嗅出了药酒带给自己的商机。

药酒在中国大量存在，喜欢喝酒的中国人几乎都会根据自身体质和喜好自行泡制一些药酒。于是，杨少先有了转行做酒生意的想法。

隔行如隔山。杨少先做汽水生意并没有积累多少资产，加上20世纪40年代柬埔寨国内不安定，汽水厂的生意时做时停，如今一家老小近10口人的生活全靠自己的这个小厂来维持，他不敢贸然转行。经过一段时间的考察后，杨少先觉得药酒在柬埔寨确实有市场，然而自己没本钱、没技术，怎么办呢?

杨少先决定先找朋友从中国购买一些药酒，投放到柬埔寨市场，看一看效果如何。可是，问题又来了，中国的药酒有很多种，究竟哪种更适合柬埔寨人的口味呢?为了将投资风险降到最低，杨少先将八珍酒、人参酒、五加地黄酒、竹叶青酒等多种中国常见的药酒各引进少量，结果市场销量很好。

从1950年开始，杨少先慢慢将事业重心转入药酒行业。

随着药酒销量越来越大，一系列的问题随之而来。一方面，药酒大量从中国运来，路程太远，供货不及时，无论是质还是量都无法保证，且当时新中国刚刚成立，对外出口管制很多，柬中没有建交，药酒安全抵达柬埔寨需多次周转，耗资耗时；另一方面，柬埔寨国内一些人也看到了药酒的市场前景，开始涉足药酒行业，竞争导致代销药酒的利润越来越低。杨少先决定在金边成立自己的酒厂，亲自泡制药酒。

此时，杨少先已经大概了解了柬埔寨人喜欢喝哪一种药酒，他根据此前的销售情况选取人参和鹿茸作为药酒的主要原材料，然后通过宫廷一些御医朋友关系，从皇宫得到了一些药酒泡制的秘方，据说这些秘方还是在真腊时期外族人拿来进贡给王室的。杨少先将宫廷秘方结合中国中医理论，掺和 60 多种药材，自创了一种参茸培根酒。这种酒的主要功能是滋补强壮，助气固精。杨少先给这个酒起了一个很容易记住的名字——“力士大补酒”。几年后，这种酒便享誉柬埔寨，成为“国酒”。

半个世纪以来，虽然柬埔寨经历了长久战乱，社会发生巨大变

酒厂一角

化，一些曾经优秀的民族品牌也随之消声灭迹，但是“力士大补酒”这一品牌在消失过几十年后，最终还是被杨少先的儿子杨国璋带回了柬埔寨。

杨少先的药酒事业壮大后，有了很大的名声威望，社会地位也随之提高，并开始热衷公益事业。1955 年，在杨少先的推动下，柬埔寨杨氏宗亲会成立。他还担任了潮州会馆福德会主席一职。

柬埔寨的华人遵循“入土为安”的传统习俗，早前逝者多安葬在金边市一个墓葬杂乱的“菜园区”内。后来，由于金边市区逐步扩建，致使“菜园区”的墓葬无法继续存在下去。为了落地生根，延续香火，使逝者有一个安定的归宿，由杨少先等人组织，以潮州会馆的名义，集资在金边四号公路的贡武置了一大片土地，作为潮州籍人士埋葬先人的义地。如今，潮州义地已经成为柬埔寨潮州人寻宗溯源、寄托哀思之地。

公司的事、杨氏宗亲的事、潮州会馆的事，需要用人的地方多了起来，杨少先开始希望杨国璋能助自己一臂之力。1953 年，杨少先向杨国璋说出了内心的想法，正在享受学生美好时光的杨国璋没有同意父亲的要求，他希望父亲能让自己中学毕业。后来，在杨国璋和同学们的哀求下，杨少先放弃了让儿子辍学帮忙的想法。谁知，这一松手就是 5 年。期间，杨国璋上学、补习英语、学画、结婚，直到 1958 年，杨国璋结婚后，杨少先才真正将自己的事业交到杨国璋手中。

有一天，杨少先把杨国璋叫到自己的房间，庄重地说道：“你现在成家了，我也老了，从今天开始，生意全部交给你。”

沉浸在新婚喜悦中的杨国璋还没有反应过来，父亲便将事业的重担转移到他的肩头。从此，杨国璋正式开启柬埔寨“酒王”的跌宕人生。

9

一 见 钟 情

柬埔寨信奉佛教，国人对佛的虔诚无论战争还是贫困都无法改变。从小生长在柬埔寨的杨国璋在这种环境下，同样深深感受到佛的存在，他一生行善积德，因此每每危难时刻总能化险为夷，几次白手起家都有所成，这是因果福报，甚至连婚姻，他也认为是拜佛所赐。

佛说："前世里一千次的回眸，才能换来今世的一次擦肩而过"。在学画的一年多时间里，杨国璋虽然与女同学朝夕相处，互生情愫，最终还是缘分未到。因为属于他的那一份情缘，佛早已在前世安排妥当，不需要一千次的回眸，只需一眼，便可自此相伴终老。

1956年，杨国璋找到了自己的另一半。

一个偶然的机会，杨国璋中学同学结婚，作为伴郎，他随同学来到茶胶省一个叫北亚胶的小镇迎娶新娘。这是一次隆重的婚礼，新娘的父亲是华人，母亲是柬埔寨人。新娘家在当地很有影响力，就连当时柬埔寨的外交部长和空军总司令都是新娘家的亲戚。

参加婚礼的人很多，穿着各种华服的美女贵妇在杨国璋面前穿梭着。这时，杨国璋与新娘身边一位美丽的少女目光触碰，瞬间感到热闹的婚礼现场只剩下他们两人。那位少女害羞地低下了头，脸颊漾起片片红润。

杨国璋迫不及待地向新郎打听那位少女是谁，同学告诉他，少女名叫陈秀珍，是新娘的妹妹，1939 年出生，小杨国璋一岁。

“陈秀珍，陈秀珍……”杨国璋喃喃地念着少女的名字，一副呆呆的样子。

同学见状，哈哈大笑，一眼看穿了杨国璋的心思，顾不得新郎身份，便介绍陈秀珍与杨国璋认识。陈秀珍很爽快地答应了与杨国璋交朋友。后来，杨国璋得知，陈秀珍对自己也是一见钟情。

有种观点认为，一见钟情的两个人只是被对方的外表或气质所吸引，彼此并不存在真正的爱情，这样的感情极易因缺乏深入了解而给日后交往或婚姻关系带来一种不确定感。对此，杨国璋并不否认自己被陈秀珍的外表或气质所吸引。陈秀珍是中柬混血，头发微卷，一双明亮深邃的眸子，圆圆的脸上总是挂着让人舒心的笑意。让杨国璋引以为豪的是，陈秀珍与莫尼克公主十分神似。杨国璋夫

妇与西哈努克夫妇曾有过一张合影，陈秀珍与莫尼克公主犹如姐妹花。可惜，这张照片，包括陈秀珍所有那个年代的照片都在红色高棉时期被毁。年轻、漂亮的陈秀珍形象只能深深地烙在杨国璋的心里。

杨国璋和陈秀珍是真正相爱的，他们的感情也极其深厚。一见钟情的两个人在日后交往中也曾彼此发现对方的缺点，不过他们总能替对方找到“合理”的解释，或者通过放大对方的优点来忽略其缺点，从而使两人关系更稳定。

杨、陈两人的关系很快公开了。杨国璋家是做小本生意的，与陈家在社会地位上存在一定的悬殊。陈家就二人的关系如何发展分成了两派。一些亲戚认为，陈秀珍应当找一个门当户对的丈夫，而且鉴于陈家的关系，很多有权势的富家子弟前来陈家求婚。不过，陈秀珍就认准了杨国璋。好在陈秀珍的一些亲戚通过与杨国璋的接触后，还是很看好他的。陈秀珍的姑姑有一次当着杨国璋和陈秀珍的父母说：“这个年轻人很好，看起来将来还是很有前途的。”

缘分是拆不开的。陈家也是开明人士，见女儿如此深恋杨国璋，而杨国璋也是一表人才，慢慢也就同意了。接下来，二人开始谈婚论嫁。其间，杨国璋与陈秀珍也没有更多的浪漫故事，偶尔一起看看戏、吃吃饭，一切既亲切又温馨。

1958 年正月初八，21 岁的杨国璋与 20 岁的陈秀珍结为夫妻，此后四十载风雨相扶。

一见钟情，一生不离。陈秀珍既是杨国璋的贤内助，也是他的精神支柱。在 20 世纪 70 年代朗诺政变和红色高棉时期，杨国璋避难国外，无论是在泰国还是中国香港，陈秀珍都是形影不离。正因为陈秀珍的相伴，杨国璋从来都没有为一夜之间损失亿万家财有过半分的悲伤，他庆幸人生中最最珍贵的东西在那个艰难的时代从来没有在生命中消失过。

10

创业黑猫

俗话说："树大好乘凉。"杨国璋没有满足于父亲留下的家业，当父亲让他接班的那一刻，他心里只有一个想法：创业。于是，另一个柬埔寨酒品牌——"黑猫"诞生了。

杨国璋创办"黑猫"酒品牌其中还有故事。关于"黑猫"的来历，杨国璋解释，取名"黑猫"一是好记，二是李君可老师的缘故。

学画一年多的时间，杨国璋未学到李君可老师的真传，却跟李老师结下了很深的情谊，成为李老师在柬埔寨最喜欢的一名学生。李君可才情甚高，可惜在那个时代，特别是在缺乏文化艺术土壤的柬埔寨，很少有人会欣赏他的画作，他充其量只不过是一个流落异国他乡的穷困书生，还需要养家糊口，生活过得很艰辛。偏偏李老师爱抽烟，而且喜欢抽柬埔寨一种叫"黑猫"的烟。李老师的学生少，收入自然不多，经常买不起烟，刚好杨国璋家境还算富裕，两

杨国璋带队参加 2006 年越南东盟品牌博览会，与公司员工合影

人感情也深，杨国璋每隔一段时间就会给李老师买大量的黑猫烟。后来，李君可的夫人难产而死，他心灰意懒，就回中国了。

临走时，李君可把杨国璋叫到身边："国璋呀，我要走了，你想要什么？"

"我想要你的画。"

"好，你要我画什么，我就画什么，你去买一些白绫，我将画画在白绫上送给你。"李君可给杨国璋画了很多白绫画，杨国璋每每想起李老师都会将那些画作拿出来欣赏。遗憾的是，这些画作也在红色高棉的战火中付之一炬。现在他只能偶尔从一些国际艺术品拍卖会上看到李老师的画作。

当杨国璋准备创业时，他首先想到了李君可，然后想到了黑猫烟。“黑猫”既好记，又表达了对李君可老师的思念之情。

杨国璋确定酒名后，就向海关申请注册。当时，制酒、贩酒归海关管辖，杨国璋将酒名上报海关后，等待上面的通知。一天，金边海关突然来人，通知杨国璋说总局近期要检查一家酒厂，具体是哪一家不知道。杨国璋夫人虽有亲戚在海关工作，但是总局没有人，究竟查什么也不知道。

那个年代，华人做生意十分小心，生意很难做，即使生意做大了，也是提心吊胆，说不定哪天政府就有人找来，通过各种理由讹钱，有些在市场竞争中生存下来的华人企业，最终也倒在政府官员的讹诈之下。一听说政府要查酒企业，而且还是总局来查，大家都很担心。

没过几天，在金边海关任职的亲戚打电话通知杨国璋，海关总局要查的就是他家的酒厂。杨国璋接到通风报信后，很担心：我犯什么错了，他们想查什么？杨国璋立即吩咐下面的工人将各种账本准备好，等待检查。正在安排之中，员工便跑进杨国璋的办公室，告诉他海关总局的车已经到达酒厂门口。杨国璋慌忙出去迎接。

前来检查的海关总局人员由一个叫李来英的副局长带领，金边市海关人员和杨国璋酒厂的工作人员吓得一声不吭。李来英让杨国璋打开所有的仓库，问了问制酒的一些相关情况，末了来了一句：“你申请的酒商标上为什么是三颗星，而不是五颗星？”

杨国璋感到莫名其妙，慌忙回答："我见很多洋酒商标上是三颗星，也就用了三颗星。三颗星有问题吗？"

李来英说："没事，随便问问。我们从来没见过酒是怎么制出来的，所以很好奇，想过来看看。"

杨国璋一听，长长地舒了一口气。第二天，"黑猫"酒的牌照就下来了。此后，杨国璋的酒厂发展很顺利，1960 年时已经在柬埔寨酒市场打开了销路，到 1962 年，酒厂已有 100 多名员工，同时拥有"力士"和"黑猫"两个品牌，日销量达 15000 升。

父亲杨少先对杨国璋接班后的业绩很是欣慰，没想到儿子有如此大的能耐。在杨少先的心中，酒厂能做到这么大，已经到达顶峰了，所以当杨国璋提出买地扩大酒厂时，杨少先反对。由于年轻时的劳累过度，杨少先虽然刚过 60 岁，已是体弱多病，一生的沧桑让他十分留恋创业的老地方，他不希望儿子在他有生之年将酒厂搬离。杨国璋是个孝子，依了父亲之意。

不过，杨少先的心中还有一个结：想抱孙子。到 1962 年时，杨国璋已经有两个女儿，受过去中国封建思想的影响，杨少先还是希望能抱一抱孙子。

这一年，杨国璋的太太陈秀珍又有了身孕，临产时，家人怕杨少先身体弱，受不了又是一个孙女的打击，决定让两个孙女和儿子杨国璋陪着老人在医院对面等候消息。

焦急之中，杨国璋见母亲林婵杏从医院急奔而出，杨少先忙问杨国璋："是男是女呀？"杨国璋见母亲的神情，心中早已有数，对父亲说："不用着急，这次保证是男孩。"杨少先一听，"哈哈"大笑，也不待林婵杏过来通报，拉着两个小孙女的手连说："好，好，我一生的心愿全都达成了。走，走，咱们去喝咖啡。"

杨少先给大孙子取名：杨志铮。几个月后，杨少先含笑长辞。第二年，杨国璋将酒厂从汽水厂的原址迁出，随即开创了自己的酒业"帝国"。

11

酒名远扬

柬埔寨气候偏热、偏湿，人的体能消耗大，易受湿邪侵袭，无论是力士大补酒还是黑猫酒，都是以高纯度优质白酒为基础，以理气、活血、滋补为理念，在中医君、臣、佐、使药理为伍指导下精选中药原料，经恒温浸泡、沉淀过滤，窖藏熟化制作，而且色泽金黄，口感温润绵滑，醇香馥郁，很受柬埔寨人欢迎。

为确保酒的质量，杨国璋亲自到中国选购药材，到法国、德国选购设备，严格监督生产流程，制定独特的工艺标准，使酒厂里生产的酒色泽、纯度、酒精度、糖度、杂质含量、药性等达到理想状态。

在市场营销方面，杨国璋采用薄利多销的市场策略，每瓶酒卖23瑞尔（当时35瑞尔相当于1美元），让平民百姓都买得起。一些患有风湿、麻痹顽疾的病人从中受益，其补酒滋补命门元阳的

特点因此被消费者认知。

杨国璋制酒、卖酒，却很少喝酒。不喝酒如何能配制好酒呢？杨国璋的答案是：自己为酒而生。因为他有个特异功能，能闻出酒的好坏。当时，整个行业都知道杨国璋这一神奇功能，就连政府每每研制出一种新酒品都要请他去闻一闻。

独特的工艺、神奇的疗效、正确的营销，让力士大补酒和黑猫酒一时间在高棉大地声誉鹊起。杨国璋的补酒风行，带动了柬埔寨整个制酒产业的快速发展。当时，仅金边的华人就开办了十多家酒厂。聪明的西哈努克很快嗅到了制酒产业的高额利润，于是收购了法国在柬埔寨的最大酒厂 SKD，并由时任柬埔寨首相的刁龙实际负责。

可是，好景不长，由于政治原因，制酒产业遭到了一次致命打击。很多酒厂因此而关门，杨国璋逃过了这次行业劫难，并审时度势把握机遇，由此走向事业的巅峰。

20 世纪 50 年代柬埔寨独立后，西哈努克奉行中立外交政策，一直是美国最重要的盟友，但是由于柬埔寨是小国，美国总是以霸主身份干涉柬埔寨的各项事务，而且美国在柬埔寨的外交官飞扬跋扈，甚至连西哈努克都不放在眼里。一次，美国资金援助建造的妇科诊所在金边落成，时任美驻柬大使罗伯特·麦克克林托克在交接仪式上居然对西哈努克说："这（家诊所）肯定能特别让你感兴趣，因为你这人就是一个'超棒的育婴工厂'。"

西哈努克是一个很有个性的领导人，他受不了美国人的指手画脚和言辞刺激，逐渐远离美国人。到20世纪60年代初期，柬、美关系恶化。美国大量削减对柬埔寨的经济援助，柬埔寨经济迅速恶化。

杨国璋带领员工进行节日促销

1963年，柬埔寨政府为了挽救国内经济，开始整顿国内的各行各业。为了减少国内白酒行业的竞争，保护国营的SKD酒厂生意，政府下令其他酒厂一律暂停生产。此令一下，引起整个制酒业的恐慌。其中，杨国璋的酒厂做的最大、酒日均销量最多，损失也最惨重。

领导整个制酒行业的柬埔寨酒业公会整天讨论来讨论去，就是

拿不出一个明确的应对方案，政府下的命令，有什么办法呢？很多制酒商人开始转行。杨国璋不想就此放弃，因为酒厂刚刚扩大，很多钱都是找亲戚朋友借来的，不做酒，这些钱就没法还了。杨国璋很着急，决定自己寻找对策。

杨国璋打听到，负责关闭酒厂的官员是海关副关长李来英，这个人正好曾在他创立黑猫酒时打过交道，算是半个熟人。杨国璋找到李来英，力陈利弊："我们不是做白酒的，做的是洋酒，需要从政府的酒厂购买大量的白酒，然后才能制成洋酒，因此，我们是政府酒厂的客户。如果政府不让我们做洋酒，将会失去最大的客户。"

李来英对杨国璋之前的印象不错，觉得他说得有理，便将此番道理转告首相刁龙。很快，政府取消了关闭酒厂的命令，不过对酒厂每日的销量做了一些限制。事情总算解决了，停产半个月，杨国璋损失了几百万瑞尔。

经过一番停产折腾，一些酒厂老板退出制酒业，酒市场的竞争大大减小，甚至出现供不应求的局面，杨国璋决定将原来一瓶卖23瑞尔的酒，上涨至一瓶27瑞尔，以此来弥补停产期间的损失。就在这一年，杨国璋挣了2000多万瑞尔，约合六七十万美元，相当于当时美国一个中产阶级近百年的工资。用杨国璋的话说，这些钱在当年可以买金边市好几条街。

杨国璋赚得钵满盆满主要原因并非酒价上涨，而是因为那一年力士大补酒和黑猫酒不仅获得社会好评，还受到柬埔寨皇室的关注。

年轻的西哈努克国王多次在公开场合对杨国璋的补酒大加赞扬，呼吁民众在佳节和婚宴等庆祝活动时选用力士大补酒或黑猫酒，以支持民族工业的发展。

不仅如此，西哈努克还向苏联、罗马尼亚等国大使介绍：“我们不用喝外国的酒，喝自己国家的酒，比如力士酒、黑猫酒，是柬埔寨本地的工业产品。”

仅 1963 年，西哈努克在各种场合公开推荐杨国璋的酒品牌就达 7 次之多。

在站稳柬埔寨市场以后，杨国璋又一鼓作气把力士大补酒和黑猫酒推向其他东南亚乃至法国等市场。到 20 世纪 70 年代，杨国璋的酒厂年产量已经达到 13000 吨。

杨国璋的事迹不仅在柬埔寨传颂，在柬之外也被关注。有一年，台湾当局搞了一个“海外杰出华裔青年奖”，获此荣誉的全球仅 10 人，其中便有杨国璋。

12

国王接见

御耕节是柬埔寨王国的传统节日，于每年佛历六月下弦初四（一般在公历5月）举行。根据习俗，在国王主持举行御耕节仪式之前，农民是不得开犁耕种的，即使误了农时也不敢轻举妄动。

古代，国王会亲自在圣田扶犁主持御耕节仪式。到了安东国王（1841—1860年）时期，国王就不亲自扶犁了，御耕节时国王的一切活动都由农业大臣代替，称为“御耕王”。同时有一人扮作仙女跟在犁田队伍后面撒种。这个仙女被称为“麦霍”（意为“南方之母”），由“御耕王”的夫人代理。

西哈努克十分重视农业生产，从1963年开始，每年的御耕节都由他亲自扶犁。而“麦霍”的角色则交给了他的女儿担当。为了将1963年的御耕节办得更加隆重，西哈努克在御耕节当天还同时举办了一个全国工业商品成果展，显示出对工农业的同等重视。杨国璋的力士大补酒和黑猫酒应邀参展。

按照宗教传统，六月下弦初一傍晚，筹备御耕节仪式的圣贤“巴古”祭典土地神，请求土地神赐予“圣田”。“圣田”选在金边王宫北面、国家博物馆东面的王家田。初二、初三的傍晚，“圣田”里举行祭火仪式。为了这一仪式，能工巧匠们在“圣田”周围搭起五个颜色鲜丽、光彩夺目的圆形亭子，每个亭内供放一尊佛像，每尊佛像前堆一个三层的小土山，土山顶中央挖一个长、宽、深各22厘米的四方形小坑，坑的四壁涂上鲜牛粪，坑内放着9根长约15厘米的干柴。

当天，仪式开始，西哈努克点燃干柴，僧侣诵经祷告，欢乐的人们围绕土山，用吉祥树叶蘸着蜂蜜和油，往火坑里洒，同时把牛奶或牛油慢慢往里倒，以祈求神灵保佑五谷丰登，国泰民安。这种祭火仪式起源于一种古老的印度风俗。

人们簇拥着“御耕王”和“麦霍”到“圣田”西北角的圆亭子里祭拜湿婆神像，“巴古”吹三遍海螺，表示御耕节仪式正式开始。西哈努克扶犁出发，公主和一群身穿民族服装的少女把最优良的稻种向左右撒播，口中念念有词，祈祷农业丰收。每耕作一圈，“巴古”便吹海螺为号。绕场三圈后，耕作仪式即告结束。然后，犁田队伍走到东面供奉毗湿奴的亭子，把披红挂绿的神牛从犁上解下来。

在东面亭子前面并排放着七个银盘，分别盛着七种食物，即稻谷、青豆、玉米、芝麻、鲜草、水和酒。御师婆罗门将圣水洒在

“御耕王”驾驭的两头“神牛”头上。祈求“神牛”带来好兆头，然后放开它们去任意挑选银盘里的食物，根据牛吃的食物来预卜一年的吉凶。如果神牛吃稻谷、青豆、玉米、芝麻，就预兆着风调雨顺，五谷丰登，哪种粮食被吃得多，便预示着哪种庄稼就会获得丰收，吃得少则收成少；神牛吃鲜草，预兆谷米歉收，甚至发生饥荒；神牛喝水预兆发生水灾；神牛喝酒预兆发生战争，匪盗横行。

御耕活动结束后，西哈努克带领前来观摩的各国使节和政府官员共同参观了展出的民族产品。当客人们来到杨国璋的展酒台前，西哈努克对力士大补酒和黑猫酒大加推崇，表示这是柬埔寨民族工业产品的骄傲。

力士大补酒

杨国璋是一个很有远见的人，在那个没有广告的年代，他已经十分重视广告的效应，他在电台打广告，在大街上打广告，在乡村打广告。因此，只要人们提起酒，自然而然地就会讲到力士大补酒和黑猫酒。西哈努克虽然没有见过杨国璋，但是对他的酒一点都不陌生。

随后，西哈努克在王宫接见了杨国璋等一些杰出企业家代表。这是杨国璋第一次受国王接见，终生难忘。他回忆说："当时老国王还穿着御耕时的华服，很漂亮，很庄严。我见到他时，立即跪地行礼。那天，老国王很高兴，几次提到我的名字，让我继续做好酒，将酒推到全世界去。我听了后，信心很足。"

国王的认可和鼓励是无形的动力，杨国璋没有让西哈努克失望，正是从这一年开始，杨国璋的事业有了巨大的发展，力士大补酒和黑猫酒也逐渐走出柬埔寨，走向东南亚各国，甚至销往欧洲国家。

1965 年，事业有成的杨国璋听说夫人陈秀珍的老家茶胶省北亚胶地区的民众看病很困难，就伙同他人为当地人建了一座医院。这件事情很快被西哈努克知道了，他再次接见了杨国璋等人，对他的义举大加赞赏，并授予他一枚勋章。

虽然西哈努克多次接见过杨国璋，但大多与他人一起接见，唯独单独接见他的那次是在 1985 年年底，那是一个特殊的年代，在一个特殊的地方——中国香港，西哈努克夫妇单独接见了杨国璋夫妇。

当然，这是后话，暂且不提，以后章节会讲到。

每次讲到西哈努克，杨国璋话语间都充满着无限的怀念和敬仰，在他的意念之中，西哈努克就是“光明之子”，为那个年代的柬埔寨带去了和平与安宁。

第四篇

国家劫

13

突来政变

杨国璋是一名地地道道的商人，从未参与政治，谈到每一个政治问题时都十分的谨慎，无论这个问题是柬埔寨的，或是中国的，他都不会轻易下结论，总是以一个旁听者的身份，愿意倾听来自任何一方的意见。然而，杨国璋一生的起伏却与国家的政治紧紧相连。

1970 年，正当杨国璋的事业达到人生巅峰时，一场国家劫难悄然而至。从此，柬埔寨国家和人民开始了长达 30 余年的动荡生活，杨国璋的人生和事业也偏离了正常轨道，随着国家的政治飘摇不定。

1970 年 3 月 18 日，柬埔寨前首相兼武装部队司令朗诺将军，在美国中央情报局的密谋和策划下，趁西哈努克亲王不在金边出国治疗和进行国事访问的机会，发动了政变，宣布废黜西哈努克亲王柬埔寨国家元首的职位。这一消息震动了全世界。

据西哈努克亲王撰写的回忆录介绍，朗诺集团发动政变的阴谋

由来已久。“当胡志明主席在1969年9月初逝世的时候，我决定在王宫里举行一个宗教仪式来悼念他的英灵，因此遭到我的政府副首相施里玛达亲王的强烈抨击。接着，我又决定亲自去河内参加越南伟大爱国者的葬礼，我很晚才知道，我的飞机刚刚起飞，施里玛达随即转向他的同伙说，现在是罢黜我的最好时候了。他肯定地说，我的这次旅行是不恰当的，因为当时越共和越盟的部队还非法占领着柬埔寨的部分领土。”

“而朗诺由于他的妻子刚刚去世，而且他还没有就此求签问卜，所以主张另择有利时机。不久，朗诺因意外事故肩部受伤，住进了美国人开的纳伊·戍尔·赛纳医院里。就在这个医院里，他们的阴谋确定下来了。”西哈努克说，“在朗诺周围，有许多装成病人的美国专家，被接受为政变的技术顾问。在同这些人密谋之后，朗诺天天打电话，把方法告诉施里玛达和金边的其他同谋者。为了保证这个‘重大行动不至于破产’，朗诺将军想事先争取一些必不可少的支持者。”

正像西哈努克所介绍的，在1968年至1969年年底，柬埔寨的局势一直动荡，西哈努克逐步失去对国家事务的实际控制。在美国的支持下，朗诺和施里玛达在国内公开反对西哈努克。西哈努克一气之下，偕同他的妻子以及老政治家宾努和一些亲信离开金边，到法国检查身体。西哈努克一行于1970年1月10日到达法国，然后打算在访问巴黎、莫斯科和北京后，带着法国、苏联和中国的支持回国。当西哈努克在罗马作短暂停留的时候，朗诺也跑到罗马，向西哈努克表示致意，并伪装“重申永远效忠”西哈努克。

西哈努克哪里知道，朗诺回国不久即于 1970 年 3 月 18 日在美国的指使下，发动军事政变，废黜西哈努克国家元首，后又判处他死刑。当时，西哈努克刚刚访问完苏联，准备去中国。在他离开莫斯科之前，苏联领导人将柬埔寨发生政变的消息告诉了他。西哈努克极为悲痛，在飞往中国的飞机上他失声痛哭。

西哈努克到中国后，中国总理周恩来亲自接机，并深情地对他说：“热烈欢迎西哈努克亲王来华访问！您仍然是柬埔寨的国家元首，我们永远承认您，绝不认同别人！”面对中国人民为他举行的欢迎仪式，西哈努克心情十分激动，随后与中国政府协商在北京组建了以打倒朗诺政权为诉求的流亡政府——柬埔寨王国民族联合政府（GRUNK）。

朗诺发动推翻西哈努克的政变后，杨国璋一下子慌了，这是怎么回事？下一步是什么？他期望着西哈努克能尽快回来，他从来没有经历过政变，以为这次只是一次小事件，只要西哈努克回国了，一切都平静了。国人都焦急地等待着。

一天、两天、三天，杨国璋一直没有听到西哈努克要回国的消息，直到 1970 年 3 月 23 日，西哈努克通过北京的电台，向全世界和他国内的同胞发布了《告高棉同胞书》和一个郑重声明。他庄严宣布解散非法违宪的朗诺政权。他呼吁：“一切不能再容忍叛逆者的

不公正的压迫，并且具有解放祖国的勇气和爱国的子民们（包括军人）到丛林中去打游击，以便同我们的敌人进行斗争。”

“我和员工们躲在厂里，通过收音机偷偷地听老国王在北京的讲话，听着听着，大家都哭了起来，老国王在大家心目中威望很高的，现在他不回来了，我们该怎么办呢？跑又跑不出去，生活还得继续。”杨国璋陷入人生的第一个困境。

西哈努克的《告高棉同胞书》发表以后，在柬埔寨国内迅速引起了强烈反响。最初人民对朗诺的政变几乎没有什么反应，因为他们不知道该做何反应。他们不了解真相，无法弄清究竟谁是卖国贼。当朗诺巧妙地利用柬埔寨人对越南人的世仇大肆鼓噪西哈努克把柬埔寨出卖给越南人的时候，他们迷惑不解。一旦听到了西哈努克的声音，他们便明白了：真正出卖祖国的是朗诺，是他把柬埔寨出卖给了美国。

当柬埔寨民众们看清了事实真相后，立即发动了示威、反抗和起义，到外张贴“西哈努克万岁”的标语，要求解散国民议会，恢复西哈努克亲王国家元首的职位，各地暴力事件不断发生。

正如杨国璋所说“生活还得继续”，既然离不开柬埔寨，生意就得做下去。金边的形势稍微稳定后，杨国璋的酒厂又开业了。不过大问题来了，他在外省有一千多万瑞尔的酒账，全国有很多地方的人民已经开始起来武装反对朗诺政府了，收账员无法到金边之外的地方收账。就这样，杨国璋平白无故地损失了一千多万瑞尔，差不多是酒厂大半年的收入。

好在朗诺政变后，酒厂的生意并没有受到影响，甚至比之前还要好。因为国家政局动荡，一些酒厂关门，加上朗诺将军队一下子扩大了几倍，很多士兵都是好酒之徒，杨国璋的酒经常卖到断货。销量增大，酒厂供应不上，杨国璋只好给分销商们开白条，让他们在规定的期限内凭条取货。

可是，当时国家通货膨胀严重，瑞尔贬值很快，一天一个价，很多时候，杨国璋给分销商打购酒条子时，一瓶酒还能挣几块钱，当分销商过几天拿条子取酒时，一瓶酒已经亏了好几块钱。诚信在先，即使亏本也得卖。

那几年，一切都变得不确定，挣多少钱对杨国璋来说已经不重要了，他只祈求家人能够平平安安地过下去，父亲交给自己的酒厂能够保留下来。

14

夹缝发展

1970年10月9日，朗诺宣布废除君主立宪制，成立“高棉共和国”，自任政府总理兼国防部长，晋升四星上将总司令。朗诺执政后，华人、华侨成为政治冲突下的牺牲品，受到长期的压制和摧残，柬埔寨国内200多所华文学校被关停，2万余名在校生无学可上。

杨国璋有着强烈的中国情结，他不希望自己的子女作为中华民族的后代长大了却不懂汉语、不了解中国文化，加之当时柬埔寨局势不稳，于是在朗诺政变后不久，他便将自己所有的孩子送往香港读书。

孩子们去了香港，一方面，花费大了，另一方面，杨国璋夫妇在柬埔寨也少了很多后顾之忧，他们全身心投入到酒厂的事业中，在战争的夹缝中求发展。

在西哈努克的号召下，柬埔寨全国很多地方的人民已经拿起武器同红色高棉组织共同武装对抗朗诺的政府军。在这种情况下，杨国璋的酒生意只能限于金边及周边相对稳定的有限的地区，十几万的政府军成为最主要的消费者。

到 1972 年时，柬埔寨全国的武装冲突已经持续了两年之久，越来越多的柬埔寨人民投入战斗，无心发展生产和经济建设，柬埔寨全国经济萧条，农业凋敝，粮食大量减产。大米是酿酒的原料，当时流入金边的大米十分有限，除去居民食用，很少一部分能用来酿酒。杨国璋的补酒不用自己收购大米去酿造白酒，只需从国营的 SKD 酒厂买进白酒然后加上中药材和法国原料泡制就可以了，因此他不用担心原料的问题。

老汉兴酒品生产线

可是，好景不长，SKD 酒厂收不上大米，白酒产量大量减少，供不应求。政府就想了个办法，对每个客户实行配额供应白酒。杨国璋的酒卖得最好，实行配额供应后，政府提供的白酒哪里够用啊。于是，他又花高价从其他酒行收购白酒。大多老百姓只认“力士”和“黑猫”两个品牌，在配额供应的情况下，有些酒行用不了那么多白酒，而且生意不好做，既然杨国璋肯出高价购买白酒，很多酒行老板都愿望做这种转手即挣钱的生意。杨国璋的酒利润大大不如以前，好歹还能维持下去。

更严重的问题来了。配额供应没实行多久，SKD 酒厂彻底坚持不住了，收不上大米，就会面临停产，1000 余名工人没事可做，发动了示威游行。SKD 酒厂的董事长是杨国璋的一个朋友，他找到杨国璋诉苦：“酒厂不能停，政府现在需要钱，命令酒厂每月必须缴纳一定的税收，如果酒厂在我手里倒闭了，我肯定交不了差。”

杨国璋当然不希望 SKD 酒厂关闭，SKD 不生产白酒了，自己和其他酒行的生意也没法做下去了。他给这个董事长出了个主意：“你一家收大米，量肯定有限，不如号召所有酒行老板一起帮忙收大米。酒行老板都是在柬埔寨做了很多年生意，路子肯定要比你们广。”

“这些酒行老板们又怎么会听我的话呢？”SKD 酒厂董事长似乎看到了希望。

杨国璋想了想，说：“你看这样行不行，让酒行老板用大米换白酒。酒行老板去收大米，然后将收来的大米再卖给 SKD，多少量的大米就给多少量的白酒。这样一来，酒行老板就会主动去收购大米。”

SKD 酒厂董事长一听，十分高兴，连夸杨国璋怎么能想出如此两全齐美的办法来。

当天，杨国璋立即通知下面的人，大量高价收购全金边的大米。当 SKD 酒厂召集各酒行老板宣布大米换白酒的政策时，杨国璋已经收购了大量的大米，一下子从 SKD 酒厂购进了 100 万升的白酒。

酒行老板们收购大米供应给 SKD 酒厂费力费钱，价格要高于酒厂此前的大米收购价。原料价格上涨，白酒价格自然就要跟着涨了。当酒行老板们陆陆续续地将从各地收集来的大米卖给 SKD 酒厂后，SKD 酒厂董事长便通知他们白酒即将涨价。

白酒涨价，杨国璋成为最大的受益者。他库存的 100 万升白酒，转眼间就升值了几千万瑞尔。这一年，杨国璋大挣了一笔，不过他将挣来的钱全部投入了公益事业——筹建中华医院。

柬埔寨国家的动荡让民族工业变得十分脆弱，在一次又一次的战火损失、政策冲击、市场打压下，各行各业的大批企业在 1970 年至 1975 年快速消亡。杨国璋和他的企业几经风险、夹缝求生，在各种风浪中顽强地生存了下来，并意外地取得发展，成为当时柬埔寨最大的药酒企业。

15

嘉华影业

柬埔寨常年炎热，民众对冰块的消耗量很大。20 世纪六七十年代，柬埔寨国内的制冰业被一名姓陈的福建籍华人所垄断，各个省份都有他的冰厂。陈老板除了制冰，还代理百事可乐等国际大公司的饮料产品，可谓财大气粗。

陈老板的野心很大，当他看到杨国璋的酒事业壮大后，便萌生了做酒的念头。有一次，陈老板趁杨国璋去泰国出差，高薪挖走了他酒厂里的一批师傅和员工。杨国璋回到金边后，十分生气，他倒不是因为陈老板的行为，而是因为这些员工跟自己很多年了，且自己对他们不薄，一直把员工当作家人对待，没想到他们为了一时的利益竟然背叛公司。

起初，杨国璋并不担心陈老板做酒，一方面，陈老板虽然有钱，但杨国璋的实力也不弱；另一方面，陈老板挖了部分做酒的师傅和员工，但他们并没有酿酒的秘方。

随着陈老板的酒厂慢慢建起来，他四处宣扬酒厂师傅、员工和配方完全来自杨国璋的酒厂，甚至比杨国璋的更好，越来越多的人开始提醒杨国璋注意陈老板的酒厂。

杨国璋警觉起来，立即做出回应。做药酒需要大量的中药材，杨国璋在陈老板酒厂开业前，将全国的中药材收购一空。没了中药材，陈老板的药酒就酿不出来，他只好派人到中国香港收购中药材。当时全国各地战争，交通极其不方便，从金边辗转中国香港需要好几个月的时间。

几经周折，陈老板的酒厂最终还是开业了。可是，由于药材成本高，酒不出名，根本无法同杨国璋的酒竞争。陈老板想出了一个比较“狠”的办法。

在柬埔寨，无论是商铺还是酒店都需要大量的冰，而这些地方正好是销酒的场所。陈老板要求商铺和酒店必须购入他的酒进行出售，否则就不给提供冰块。喝水、喝酒、喝饮料加冰，已经成为柬埔寨人的习惯，不能没有冰，陈老板对冰的垄断只能让商家低头在购冰的同时搭进部分酒。

陈老板买酒就卖冰的做法，让杨国璋的药酒市场份额萎缩了不少。到 1972 年时，陈老板的酒厂已经初具规模。严峻的市场形势和国内战争局势，让杨国璋感到不能仅在药酒行业发展，需要发展其他产业。就在这个时候，有人介绍他做电影产业。

杨国璋从小就爱看电影和戏曲，电影产业很快引起了他的兴趣。当时，国际功夫影星李小龙风靡全球。1971 年夏天，李小龙接受香港嘉禾电影公司的邀请，签下了两部影片，第一部是以中国武术为题材的《唐山大兄》，创下了香港开埠以来的电影最高票房纪录；第二部是《精武门》，这部影片打破了亚洲票房纪录。李小龙是华人界杰出的人物，杨国璋早有耳闻，他希望将李小龙的片子引入柬埔寨。

1972 年，杨国璋为自己的电影公司取名“嘉华电影公司”，与李小龙所在的电影公司“嘉禾”只有一字之隔，并投资开设了一家名为“丽士”的戏院，专门用来放映电影。嘉华电影公司不拍电影，主要同香港嘉禾电影公司合作，从嘉禾购买影片，然后在丽士戏院播放，以购买李小龙主演的电影为主。

因李小龙主演的电影稳赚，香港嘉禾电影公司规定，购一部李小龙主演的影片，须购入该公司的其他 4 部影片。这样一来，杨国璋每次需要从嘉禾购入 5 部电影，每部 5 万港元，一次 25 万港元。1971 年至 1973 年，李小龙总共在嘉禾公司拍过《唐山大兄》《精武门》《猛龙过江》《龙争虎斗》4 部电影，杨国璋都购进过。

丽士戏院放的第一部电影就是李小龙的《唐山大兄》。第一场免费，杨国璋将金边的名流和生意伙伴全部请了去，共有 800 余人。李小龙的电影和杨国璋的戏院第二天成为全金边最轰动的新闻，街头巷尾都在谈论这两件事。

在那个年代的柬埔寨，到处战乱，金边的民众无处可去，文化生活极其贫乏，电影院成为他们最好的去处。此后的很长一段时间，丽士戏院天天座无虚席，杨国璋依然是人们话题的主角，他的酒也就不可避免地提了起来。慢慢地，人们开始遗忘了还有一个做药酒的陈老板。

到1972年下半年，柬埔寨国内的形势已经有了很大的变化，由波尔布特、乔森潘领导的柬埔寨共产党迅速扩大根据地和游击队，人民武装已经解放了柬埔寨80%的国土面积和500万人口。

1973年3月，美军撤出越南，越南战争结束。但是，柬埔寨问题并没有随着美国撤出越南而得到解决。美国反而继续向朗诺政府提供军事援助，并在1973年年初开始轰炸柬埔寨，迫使还留在柬埔寨的少量北越部队撤离柬埔寨，同时迫使红色高棉停止战斗。美国对柬埔寨的轰炸引起更大的混乱，对于美国国内政治和国际关系都产生了严重影响。

同年6月，美国国会众议院同意参议院的提案，拒绝为轰炸柬埔寨拨款，但同意在总统认为必要时继续进行轰炸，直到8月15日完全停止。美国政府停止对朗诺集团的支持，让金边一下子变得岌岌可危。

人心大乱，什么生意都萧条起来。陈老板的酒厂本来生意就不好，经过杨国璋嘉华电影公司的宣传冲击，很多店铺和酒店老板开始停购他的药酒。到1973年时，陈老板的酒厂已经办不下去了。于是，他找中间人通知杨国璋，4000万瑞尔将酒厂卖掉。

杨国璋一听很高兴，心想：陈老板的酒厂都对抗不过我，如果把他的酒厂收购了，以后哪还有人敢与自己竞争呢？他当下答应了陈老板的出价。

由于生意原因，杨国璋需要去一趟泰国，收购陈老板酒厂的事情就压了下来。当杨国璋到了泰国后，才知道金边的形势有多么的危急。一时不知道局势如何发展，生意也难做，收购陈老板的酒厂有何用呢？回国后，杨国璋告知陈老板，不再收购他的酒厂。鉴于金边的战局，陈老板理解杨国璋的难处，主动关停了酒厂。一段持续了两年的药酒竞争就此告一段落。几个月后，杨国璋的酒厂和丽士戏院也随着红色高棉入城而毁于一旦。

杨国璋的嘉华电影公司基本上没有挣到钱。朗诺政变后，战火连连，生产停顿，货物奇缺，物价飞涨，滥发钞票，通货膨胀率高达250%。朗诺政变前，9瑞尔可兑换1港元，政变后，14瑞尔兑换1港元，1972年嘉华电影公司成立时，27瑞尔兑换1港元。1974年，杨国璋放映《精武门》时，已是120瑞尔兑换1港元。当时，《精武门》共进账2000多万瑞尔，至收影时，1港元已经兑换180瑞尔了，除去购进影片花去的5万港元，一分钱不挣。

如今，丽士戏院早已不复存在，然而40多年前，那里却给无数苦难中的金边人带去了欢乐，成了很多老金边人在那个战乱年代最美好的回忆。

16

“红高”进城

国家的劫难就是柬埔寨华人的劫难。20 世纪 70 年代的那场劫难，任何一个华人家庭都未能逃脱。幸运的是，杨国璋有着强大的经济实力，私人拥有先进的交通工具，比普通老百姓早一步逃离了苦海，不至于妻离子散。

“红色高棉”“波尔布特”，是柬埔寨人的噩梦。红色高棉成立于 1950 年，最初为印度支那共产党的分支，名为柬埔寨共产党，1970 年后改名为柬埔寨民主党。20 世纪 60 年代，以沙洛特绍、英萨利等为首的红色高棉青年激进派对西哈努克失去信心，进入丛林，开展农村武装斗争。1970 年，朗诺军事政变后，美国和南越出兵扶持朗诺政权，由于外来势力干涉内政，激发民族情绪空前高涨，红色高棉抓住时机，走出此前一直在丛林里打游击的根据地，与流亡中国的西哈努克联手，结成抗美救国统一战线，打出爱国旗号，大得人心。大批青年、知识分子、僧侣、朗诺政府官员、军人奔向丛林，加入红色高棉的行列。

红色高棉前期是一个隐蔽的组织，杨国璋是生意人，很少听说过这个组织。当他第一次听到“波尔布特”这个人名时，根本就不知道他是谁。他哪里知道这个“波尔布特”就是红色高棉的领导人沙洛特绍，此人直至1975年进入金边后才改名为波尔布特。

急剧扩大的红色高棉和北越结成军事联盟，迅速控制了大半个柬埔寨。1975年元旦，抵抗力量向金边发起总攻。

“1974年12月31日晚，枪炮声一刻都没有停下，火箭弹在金边城里四处爆炸。那是一个难以入眠的夜晚。”杨国璋从来没有经历过如此严峻的形势，至今难忘。

红色高棉很快切断了金边对外陆上交通，要想离开金边只能坐飞机。当时，杨国璋有一架型号为DC－7的螺旋桨活塞引擎飞机，美国麦道公司生产，107个座。很多人乘坐他的飞机逃往国外，也有人劝杨国璋逃走。杨国璋终究舍不下两辈人在此打拼了几十年的产业，迟迟不愿走。

1975年4月1日，朗诺以去外国治病的名义离开金边赴印尼寻求援助。朗诺的职务由参议院议长苏金奎作为“临时”国家元首来接替。朗诺的离去引起高棉共和国政治和军事力量的全面崩溃。第二天，红色高棉部队就攻占湄公河重镇乃良。

局势的发展已经容不得杨国璋思考了。有一天，他开车正在路上行驶，一枚炮弹落了下来，炸起的尘土都挡住了车窗玻璃。杨国璋立即找到自己的台湾籍飞机师："现在还能出金边吗?"

"现在每天都有上百发炮弹打进金边城，好些都落在了机场附近，就看你敢不敢出去了。"飞机师回答道。

"打中了会怎么样呢?"

"打中了，大家一起完蛋!"飞机师笑了，猜想杨国璋还没有从刚才死里逃生的惊吓中缓过神来。

4 月 10 日，杨国璋同夫人陈秀珍简单地收拾了一些行李，便坐飞机匆忙去了泰国。飞机刚飞离地面，跑道上就落下了炮弹。

杨国璋夫妇本来想着过段时间金边解放了，西哈努克回到柬埔寨，以前的生活依旧。谁知，这一走就是十多年。

就在杨国璋夫妇离开金边的同一天，美国驻金边的大使馆开始撤离金边。5 日，西哈努克拒绝了高棉共和国代总统苏金奎提出的"停火"建议。10 日，美国停止对高棉共和国的援助，朗诺从巴厘岛飞往夏威夷，流亡美国。12 日，代理总统苏金奎逃离柬埔寨。17 日，红色高棉攻占金边，柬埔寨开始一个黑暗的年代。

杨国璋夫妇到达泰国后，一直等待着国内的消息。17 日，他们从泰国驻柬埔寨的一名武官朋友处得知红色高棉打进了金边城的消息后，还很高兴，以为预示着西哈努克要回国了。可是到了晚上，西哈努克在北京发表声明说暂时不回国。杨国璋的心一下子凉了，此后每天都焦急地打探着柬埔寨国内的消息。

等来的都是一些坏消息。5 月1 日，杨国璋见到了一批跟随红十字会从金边逃乱到泰国的华人，他们告诉了杨国璋金边的情况。

红色高棉占领金边仅仅两天后，金边全城便响起了令人战栗的声音："父亲和母亲们，我们不得不离开城市！美国人就在 10 千米以外，他们马上就要开始轰炸！"年轻凶悍的红色高棉战士手握来复枪，对着手无寸铁的市民一遍遍疯狂扫射。他们连一点收拾行装的时间都不给，喊声未落就开始遍地搜寻不肯离去的人，稍有迟疑立即被当街处决，枪声在每条街巷响起。数以百万计的男女老幼慌不择路地蜂拥而出，却并不知道要去哪里。有的家庭因等外出未归的亲人便遭集体杀害。有的全家不愿离城而躲在房内遭炮击。赤日炎炎，没有食品和水，婴儿被丢弃在道旁和稻田里，许多人倒毙途中。一旦倒下，卡车就直接从他们身体上辗压过去。尸体铺满了道路。拥有 200 万人口的金边几乎在一夜之间就变成了空城。

同样的场景也在马德望、磅湛、贡布、柴桢、实居、菩萨、茶胶等其他大、中、小城市上演。在红色高棉 3 年 8 个月的管治期间，估计有40 万~300 万人死于饥荒、劳役、疾病或迫害等非正常原因，是 20 世纪最为血腥暴力的人为大灾难之一。

在灾难面前，杨国璋的事业戛然而止，此前 30 多年的人生如同梦境一般。他当时的资产已经有相当规模，仅酒厂资产就不少于 8000 万美元，还有 58 幢房子以及影院等，全部化为乌有。

二十多年后，当杨国璋再次回到金边时，他的酒厂已经不复存在，房子早已换了主人，一些幸存下来的老金边人住着杨国璋的房子，知道他是曾经的主人，还是很热情地叫他“老房东”。不过，那些曾经熟悉的地方都成为痛苦的回忆。重回金边后的十多年里，曾经跟他住一条街的街坊邻居再也没有见到一个。

有一年，中国有一个摄制组给杨国璋拍纪录片，曾提出要去杨国璋过去工作和生活过的地方看看，杨国璋摆手示意算了，他说：“去了后会引起很多伤心的回忆，还是不去的好。”

17

何处是家

在红色高棉统治柬埔寨的年代中，柬埔寨的华侨遭受了比柬埔寨人民更大的苦难。柬埔寨的华人在 1975 年红色高棉上台之初大约有 60 万，而在 1979 年暴政结束时只剩下了 30 万。

1975 年 4 月金边大疏散的 200 多万人中大约有 40 万华侨，那时他们根本没有意识到灾难的降临，也不可能向祖籍国的大使馆求救。用澳大利亚国立大学柬埔寨问题专家爱德华兹的话说，波尔布特梦想建立的是以柬埔寨农民为主导的社会主义，华人在种族和意识上都不符合这一模式而成了整肃的对象。大批的华人遭到屠杀，到了 1976 年，就连柬埔寨共产党内部的华侨干部都被屠杀殆尽。

贡布、波萝勉、柴桢、磅湛等省还发生过逮捕从城市来的华人或生长在农村的侨胞及华侨教师的“红色恐怖”，许多人被处以死刑或苦刑。1974 年 4 月 28 日就曾发生过著名的“桔井事件”：大批从前线回来的红色高棉战士开进桔井市中心，把轻重机枪摆在街上，对准华人的住宅，限令全市华人立即到农村种田，并拘捕了罪名是煽动华人回国的嫌疑分子100多人，这些人大部分都在受尽酷刑后被处决。

杨国璋逃过了红色高棉灭绝人性的屠杀，却落得个无家可归。避难泰国曼谷后，每天打听到的都是一个个骇人听闻的消息，杨国璋夫妇知道一时回不了金边，打算在泰国暂停时日。

杨国璋去曼谷时走的仓促，所带财物不多，那已经是他全部的财产了，飞机成为最主要的财产。他虽然跟曼谷商人有业务来往，但是失去了酒厂这个资源，又在逃难中，有几人能跟他做真心朋友呢？况且杨国璋也非寄人篱下之人。

随杨国璋夫妇到曼谷的还有1个机师、3个柬埔寨空姐和30多个难民，他们也都无处可去。杨国璋是一个重情义的人，他感激台湾机师冒险载他逃到泰国，飞机也需要这名机师，在极其困难的情况下，杨国璋还是为这名机师在曼谷租下了一套别墅。至于3名空姐，杨国璋给了一笔供她们移民他国的费用。几十个难民在杨国璋租住的房子里住了一段时间，先后也都移民他国了。

杨国璋有很多法国、澳大利亚、加拿大、美国的朋友，他们都是那个时候逃出柬埔寨移民过去的。“当时，这些国家对柬埔寨难民是保护的，移民很容易，很多人劝我移民，我没有同意，为什么？我的祖籍国在中国，我热爱中国，但是我生在柬埔寨，我在柬埔寨成家立业，我是喝湄公河的水长大的，人要懂得感恩。”正因为拥有一颗感恩的心，无论柬埔寨国家处于什么状况，杨国璋都未曾动过加入他国国籍的念头。

没有收入，生活怎么办？杨国璋身边唯一值钱的东西只剩下那架载他到泰国型号为 DC－7 的螺旋桨活塞引擎飞机。飞机飞到曼谷后，停在廊曼国际机场，租金一天 20 美元，这对处境困难的杨国璋来说已经是一笔很大的开支了。杨国璋最开始的想法很简单，想用飞机从巴基斯坦运苹果到泰国卖，泰国空管部门哪里准飞呀！

在走投无路的情况下，杨国璋决定把飞机卖掉。飞机买的是二手，略显陈旧，在卖飞机前，杨国璋又狠心花了一笔钱对飞机进行装修。看飞机的人很多，可是没有一个人确定买下来，而且飞机每试飞一下就要花去 300 美元的成本费用，卖飞机的事不了了之。

在泰国待了几个月后，杨国璋已经耗不起了，此时他的几个孩子还在香港上学，都需要花钱。由于无力承受机场租金和飞机维修费用，最后飞机也被泰国政府拍卖了，究竟卖了多少钱，泰国方面也没有告诉杨国璋，更没有给他一分钱，全部用于抵扣租机场费了。

逃出金边后，杨国璋也曾想过回到祖籍国中国，然而中国正处于“文化大革命”后期，在经历过柬埔寨国家政治劫难后，杨国璋对政治已经带有恐惧感。既然泰国待不下去，中国去不了，那么他选择了一条“曲线”回中国之路——去台湾。

1976 年，杨国璋夫妇在曼谷过完人生中最艰难的一个中国春节

杨国璋避难泰国时留影

后，去了台湾。他们并没想就此在台湾定居，只是考察一下台湾的经商环境，顺便散散心，摆脱大半年来心中郁积的烦闷。

中国台湾地区与柬埔寨有着复杂的所谓“外交关系”，新中国成立前，曾于 1947 年 9 月在法属的柬埔寨金边设立过领事馆。1953 年，柬埔寨独立，没有与中国建交，依然与中国台湾保持领事关系；1958 年，中国与柬埔寨建立大使级外交关系后，台湾当局中止了同柬埔寨的所谓“外交关系”。朗诺政变后，台湾当局支持朗诺，双方重新建立了所谓“外交关系”，1974 年 12 月，台湾当局还派出了孔令晟将军为团长的台湾驻金边军事代表团，全权负责双方的所谓

"外交关系"与"军事关系"。

孔令晟，江苏常熟人，祖籍山东曲阜，为孔子第76代孙。1918年6月出生，曾就读于台湾"北京大学"化学系。抗日战争爆发后，他毅然投笔从戎，1945年5月参与豫西西峡口之役，重创过日军，立有战功；去台湾后，曾任"中华民国"国防部作战助理次长，担任过蒋介石的侍卫长。

孔令晟驻金边的时间不长，却与杨国璋结下了深厚的友谊。当时，孔令晟年过半百，杨国璋只有30多岁，两人属忘年之交。孔令晟之所以如此器重杨国璋是因为他在金边时杨国璋正好是中华医院的董事长，看到过杨国璋不遗余力地做着慈善事业。孔令晟曾在外交场合公开地说："我去过十几个国家，从来没有见过杨国璋这么年轻的人如此热衷于慈善事业，他是我们华人的骄傲。"

孔令晟较杨国璋先期离开金边，辗转越南回到中国台湾，后出任海军陆战队司令，军阶中将，驻高雄。回台湾后，孔令晟不忘杨国璋在柬埔寨所做的贡献，时时在对当地人提起杨国璋的事迹。当杨国璋夫妇来台湾后，很多人都好奇地问他："杨先生，孔司令为什么在很多场合都提到你的名字?"杨国璋受宠若惊，也搞不明白其中的原因。

有一天，杨国璋夫妇到了高雄，想去看望一下孔令晟将军。去之前，杨国璋心里还嘀咕着："我现在今非昔比，孔将军还能见我吗?"

到了海军陆战队司令部外，杨国璋向一位姓孙的副官通报了自己的来意。孙副官不以为然地说：“孔司令很忙，哪有时间见你呀!”

杨国璋急忙解释：“我不是让他来见我，只是与他是老朋友，好不容易来一趟高雄，向他问声好。”说完，杨国璋夫妇就回住所去了。

刚到住所，杨国璋夫妇就接到了孙副官打来的电话，极其恭敬地说孔司令要请他们吃饭。杨国璋本来只是想跟朋友打个招呼，不想麻烦别人，结果孙副官告诉他两部车已经在住所外等候了。

那天，孔令晟热情地款待了杨国璋夫妇。

1989 年，杨国璋与原蒋介石侍卫长孔令晟将军重逢合影留念

杨国璋夫妇在台湾停留了一个月左右的时间，觉得台湾不适合二次创业，又回到曼谷。在不到一年的时间里，他们亿万家财荡然无存，四处奔波，无家可归，身心疲惫。此时，他们最想与香港的孩子团聚，感受家的温存。

第五篇

香江情

18

白手起家

香港地处中国华南，位于中国南海之滨珠江口东侧，濒临南中国海。由香港岛、九龙半岛、新界组成。20 世纪 80 年代是香港历史上一个重要的时代，中英两国为香港的前途做出决定，两国签订《中英联合声明》，中国在 1997 年对香港恢复行使主权。在经济上，中国香港则全面起飞，成为亚洲最发达的城市之一，并与韩国，中国台湾及新加坡合称为“亚洲四小龙”。这期间，杨国璋在香港完成了自己人生的第二次创业。

1976 年，杨国璋夫妇经历国家劫难后，死里逃生，一家人终于在香港团聚了。

香港，杨国璋来过多次，1970—1975 年，他每年都会去香港一两次，看望孩子们，对香港并不陌生。可是，如今情况不一样了，一家人几乎一无所有，需要在香港营生。从生意场的角度来说，杨国璋对香港完全是陌生的。

香港的名人中有不少的潮州籍人士，比如李嘉诚、邵逸夫、金庸等人都是潮州籍。潮州人为什么能取得成功呢？杨国璋总结认为，基本上来说，潮州人勤奋努力，他们很实际，不好高骛远，对事业的追求很执着。

事实上，在香港的老一辈潮州人正如杨国璋所说，他们一般选择了方向，便一步一步去走，赚了钱就积蓄下来，用储蓄的钱开创新的事业，由米铺、杂货铺、塑胶厂的小本生意，再到足迹遍及地产、金融等行业，经过努力，事业有成；再送下一代出国留学，回来继续家业也好，自己创业也好，这就是香港潮州人的创业史。

作为新来香港的潮州人，杨国璋在香港的二次创业，也秉承前辈人勤奋努力、踏踏实实的精神，踏着他们的光辉足迹前进。

初到香港时，杨国璋人生地不熟，所剩钱财也不多，经过一段时间考察后，没有找到好的生意项目。太太陈秀珍多次劝他移民美国。杨国璋有着很深的中国情结和柬埔寨感情，十分反对移民美国。当时，1898 年制定的展拓香港界址专条的期限只剩二十年左右，意味着英方即将需要交还界限街以北的新界地区及 235 个大小岛屿予中国。香港回归的事情已经成为香港人民茶余饭后的话题。杨国璋觉得，香港是中国的领土，迟早会回归的，做中国人总要好过做美国人，而且他又懂广东话，为什么不留在香港呢？

1977 年，杨国璋决定还是把目光投到自己比较熟悉的东南亚地

20 世纪 80 年代，杨国璋（右）与好友许锐腾在香港合影

区，于是又回到泰国寻找生意路子。有一天，泰国一个做鱼粉生意的朋友给杨国璋提供了一条信息：他在做鱼粉的生意过程中，发现泰国的一些渔民有很多海马无处卖，不知道杨国璋能否将这些海马卖到香港去。

杨国璋是做药酒的，知道海马是一种中药材，《本草纲目》里说海马具有“暖水藏，壮阳道，消瘕块，治疗疮肿毒”的功效。中国人受中医影响，香港人也不例外，肯定有人用海马入药。

杨国璋立即返回香港，找到一家较大的中药铺，问老板收不收海马。药铺老板得知杨国璋的海马收自泰国，喜出望外，因海马产于热带和亚热带沿岸浅水海域，中国很缺这种药材。经双方协商，杨国璋每周向药铺供货100千克海马，每千克300港币。

联系好销路后，杨国璋就通知泰国的朋友发货，货到药铺就付钱，从不拖欠。海马生意虽然挣得不多，至少一家人的生活有了保障。就这样，杨国璋的海马生意做了一年多。

后来，泰国的海马量越来越少，收购出现了难题，再加上收上来的海马有些没有晒干，在从泰国到香港的托运过程中，要舍掉好几千克。药铺急需海马，倒是没多大的抱怨，杨国璋却觉得这样做生意不诚信，心生退意，开始留意其他的生意。

随着香港的经济发展，很多国际电子企业进入香港市场。杨国璋在泰国发现，一些有钱人开始热衷购买电视等电子产品，但是泰国企业从中国香港进口电视的关税很高，导致国内电视价格不菲。他还发现一个漏洞，泰国从中国香港进口电视零件的关税相对整机要低很多。于是，他从中窥见商机：能不能把电视整机拆开，当零件从中国香港出口到泰国，到泰国后将这些零件组装起来，这样就可以省下一大笔关税，利润也就出来了。

杨国璋随即停止了海马生意，找好泰国当地代理商，然后从中国香港出口索尼、飞利浦、格兰仕等牌子的电视机到泰国。他先将完整的电视机拆成外壳、内胆、影像管等几部分，一月配套发货100部。

电视机的生意做得很大，整整做了5年，一直做到1982年，巅峰时一个月做到3000多部，月营业额达600多万港币。

1982 年后，泰国和中国香港政府对电视实施免税政策，电视机的生意做不成了。1983 年，杨国璋又与他人合伙做起了香烟生意，做了 5 年。

经过几年生意，他积攒了些本钱，又做起了美国的贸易出口生意，出口一些中国特产，比如米粉、罐头等到美国。1988 年后，随着美国市场的扩大，杨国璋做起了美国海运，一个月的营业额达到几百万美元，生意已经相当成规模。

20 世纪 90 年代，杨国璋将业务扩大到越南，成为日本东芝电灯在越南的总代理。此外，他还代理了一个录像机牌子，销往越南、泰国、柬埔寨等地。

在香港从事贸易生意时，杨国璋从来没有忘记自己的药酒事业，他利用商务机会考察各国数十家著名酿酒企业和药酒市场，继续在补酒方面的研究，专门请香港的科研机构对力士大补酒的中药配方做百余次药理实验，逐项反复比对，进而获得翔实的数据改良原配方。他始终没有忘记曾经奋斗过的事业，没有停止对柬埔寨那片热土的牵挂，希望有朝一日能够重新踏上柬埔寨土地。

19

香江异客

香港人讲广州方言，即“粤语”。潮州虽与广州同属中国广东省，但潮州话却与粤语不同。因靠近福建，潮州话属闽南语系，也是现今中国最古远、最特殊的方言，被人称为“福佬语”或“学老语”。

杨国璋从小跟父母讲潮州话，同潮州人交流一点问题都没有。他以为，粤语跟潮州话差不多，在香港做生意绝对没问题。可是，长期居住香港后，他发现粤语和潮州话有着很大的区别。比如，在潮州话中，一个“食”字几乎包括了喝、吃、饮、吮、吸等所有的口腔饮食动作，如食（吸）烟、食（喝）酒、食（啃）蔗、食（饮）水等。有些时候，杨国璋跟香港人交流，对方很难听懂。好在粤语与潮州话也有相似之处，加之他会讲普通话，至少能应付过去。

杨国璋的夫人陈秀珍就惨了。陈秀珍从小说柬埔寨语，潮州话本来讲得半生不熟，现在还要应付粤语，让她感到很不适应。刚到香港那会儿，她总想劝说丈夫移民欧美。随着杨国璋在香港的事业逐渐稳定下来，陈秀珍也学了些简单的粤语后，才慢慢打消了移民的念头。

对香港的不适应，还有杨国璋的几个孩子。7 个孩子都是在香港长大的，朗诺政变时，杨国璋将前 5 个孩子送到香港，由母亲和三妹杨芳暂代照顾，并在香港上环南北行街购置了房产。

当时，大女儿杨碧芳才 12 岁，大儿子杨志铮仅 8 岁。由于小女儿杨碧华 3 岁，小儿子杨志耀 2 岁，太小，就留在了杨国璋夫妇身边。1973 年时，金边局势越来越糟糕，杨国璋才狠心将小女儿和小儿子送到香港去。

杨国璋的大儿子杨志铮回忆："到香港学校后，上一年级，学校要学英文，当时柬埔寨国内是不学英文的，我一点基础没有，学习上就比较辛苦了。还有，香港比金边要繁华，有很多高楼大厦，金边没有，我们甚至连电梯都没有见过，来香港后见到电梯都感到很新奇。"

他乡异客，有时还会闹出一些笑话来。

有一次，香港盘谷银行行长陈才燕请客。盘谷银行是泰国最大的商业银行，很早就在香港设立了分行。杨国璋做贸易生意，需要经常同银行家打交道，这个陈行长又是潮州籍人。来香港后杨国璋知道今非昔比，人生地不熟的，陈行长能邀请自己，自然不能马虎。

陈行长给杨国璋的请柬上写道："五时恭候，八时入席。"以前的柬埔寨，宴请不像现在有那么多的繁文缛节，宴请时定到几时就是几时。杨国璋拿到请柬后，搞不明白"五时恭候"是个什么意思，认为下午5点之前必须到达宴会地点，否则就是对主人的失礼。

那天，杨国璋下午4点多就到达了指定的宴会地点。偌大的一个宴会场，只有寥寥数名服务员忙碌着，客人没来几个，杨国璋知道自己来早了，想着大家可能都是按点来。可是，5点过后，赴宴的人依然稀稀疏疏。由于刚来香港，客人之中没有一个是杨国璋认识的，他静静地等候着。6点、7点，到了晚上8点，客人越来越多，大家三五成群地聚在一起打着扑克或麻将，没有开席的意思。

杨国璋哪里会打扑克或麻将，苦等了几个小时，很想偷偷地从后门溜走，环视了一周，宴会厅根本没有什么后门可走。正门主人家一直站在那里迎接客人，让主人看见他提前离席肯定不行。那天的宴席直到晚上9点半才开始，11点多结束，整整耗了杨国璋六七个小时。此后，他才知道赴宴入席前到达即可。

杨国璋夫妇到香港后，三妹杨芳就跟男朋友去了加拿大温哥华定居。1984年，中国和英国签订香港问题联合声明后，由于对香港前途的不确定，一辈子四处奔波的母亲林婵杏不想再次经历政治动荡，于第二年远赴法国，投靠在那里的二儿子。

子女太多，杨国璋总是在外拼命地挣钱，即使刚来香港最困难的几年，他也没有让儿女们受过半点苦，几个孩子都就读于费用较高的私立学校，比如香港苏浙同乡会创办的苏浙学校。

1991 年，杨国璋夫妇出席小儿子杨志耀香港城市大学毕业典礼时合影

孩子们很难想起父亲杨国璋有什么特别的事情，在他们的印象中，父亲每天在外忙于生意，母亲则是在家为他们洗衣做饭。在孩子眼中，这就是一家很普通的香港家庭。

喝过湄公河的水，又饮香江水。杨国璋就这样一步一个脚印，踏踏实实地做自己的事业，慢慢地融入香港的社会。

20

回国曙光

朗诺政变前，西哈努克接见过杨国璋数次，场景历历在目，国家的变故让这一切成了遥远的回忆。不过，杨国璋心中深藏着一个信念：终有一天，我还会见到国王，将重回柬埔寨。

这一天一等就是十几年。1985 年，杨国璋在香港终于再次见到了西哈努克国王。

1985 年年底，西哈努克夫妇访问中国香港。同年 12 月30 日，西哈努克在香港中环文华东方大酒店22 楼设宴，宴请当时留在香港的柬埔寨商人。

杨国璋听说西哈努克夫妇来港后十分激动，很想见上一面，当得知西哈努克国王邀请他赴宴时，心情又变得忐忑不安：异国他乡就要见到国王，种种往事涌上了杨国璋的心头，十几年来所经历的磨难、艰辛、思念随着泪水夺眶而出。

杨国璋和妻子陈秀珍早早地来到文华东方大酒店，妻子陈秀珍还特意到花店挑选了一个花篮准备送给莫尼克公主（当时外界称国母为“莫尼克公主”）。

宴会厅里静静地坐着几个人，焦急地等待国王的到来。当时，到香港经商的柬埔寨商人并不多，大部分商人逃出柬埔寨后移民法国或美国等地，杨国璋算是到香港最有名的柬埔寨商人，也是后来在香港做得最成功的柬埔寨商人。

不久，宴会厅的门开了，西哈努克国王走了进来，身后跟着夫人莫尼克公主。杨国璋清楚地记得，国王那天穿着一套深色的西装，系着一条紫色的领带，依然和蔼可亲，只是两鬓已有稀疏的白发；莫尼克公主一套紫罗兰的长裙袭身，美丽、高贵、典雅。

看到国王走进来，杨国璋下意识地屈膝准备下跪，向国王行君民之礼。没想到，西哈努克一把拉住他，笑言：“我们早就是朋友了，不必拘礼。”其后，两人相拥而抱。

西哈努克是一个健谈的人，也是个性情中人。在座的，他与杨国璋最为熟悉，那天他回忆了很多以前的事，讲到了 20 世纪五六十年代的柬埔寨、杨国璋的酒厂、朗诺政变以及红色高棉时期皇室和人民的悲惨遭遇。国王告诉杨国璋等人，他有 5 个孩子和 14 个孙子被红色高棉杀害，与柬埔寨人民有着同样的痛苦。

讲到最后，西哈努克一扫脸上的阴霾，眼光落在了杨国璋的

1985 年 12 月底，西哈努克夫妇在香港接见杨国璋夫妇

身上，说：“我们的国家马上就要走上和平的道路了，柬埔寨还将走中立的道路。一旦国家和平了，像你这样曾经为柬埔寨经济建设做出过贡献的人，国家非常需要，希望你们能回到柬埔寨！”

“一定要回柬埔寨，一定要回柬埔寨！”这是杨国璋的梦想，国王的话犹如一剂强心针，杨国璋的眼前瞬间出现了一幅柬埔寨人民安居乐业的场景，而他恍惚间又回到了酒厂。

当天，杨国璋送给国王两部价值 15000 港币的发报机。第二天，香港各大媒体争相报道西哈努克访问香港的新闻，香港《明报》还刊登了大幅西哈努克拥抱杨国璋的照片。这张照片杨国璋处没有原版，还是一位朋友在《明报》上看到后打电话告诉他的，杨国璋便将当天的报纸找到，裁下那张珍贵的照片保存至今。

1985 年 12 月 30 日，香港《明报》刊登的西哈努克与杨国璋热情相拥的照片

由于红色高棉的原因，杨国璋之前与国王的合影都留在了金边，早已无影无踪，那天宴会所拍的照片，成了他与国王唯一的合影。

与国王见面后，杨国璋每天都在想如何结束在中国香港的生意回到柬埔寨。当时，他在香港拼搏已经快十年了，从无到有，生意不再局限于东亚市场，已经打开了美国市场，每个月的营业额达到几百万美元。国王点燃杨国璋重回柬埔寨的希望后，他的心再也无法停留在香港了，此后事业也就没有再继续壮大下去。

然而，这一等又是苦苦的十几年。

1979 年 1 月 7 日，越南人民军攻占金边后，建立了柬埔寨人民共和国。退出金边的红色高棉武装力量撤往柬埔寨西部，并控制泰柬边境附近地区。他们受到泰国军队的非正式保护和美国等国的支持，继续对抗金边政权。

1982 年，波尔布特等人领导的民主柬埔寨，宋双领导的高棉人民民族解放阵线，西哈努克控制的奉辛比克阵线，共同组建了三方联合政府。西哈努克希望通过举行柬埔寨冲突各方参与的大选实现国家统一的计划，但是受到民主柬埔寨的反对。在柬埔寨国内各派别的斗争下，柬埔寨始终没有实现和平。

柬埔寨国家内战没有熄灭远在中国香港的杨国璋回国的信念，自与西哈努克国王拥抱的那一刻起，他就看到了柬埔寨和平的曙光，等待光明，等待回家，无论多久，他都心甘情愿。

21

再入金边

以香港作为基地，杨国璋穿梭于中国内地、中国香港和世界其他地区，用智慧和勤劳打拼出了一片新天地，但在这个过程中，柬埔寨始终是他的牵挂，他最想踏上的土地还是柬埔寨。1985 年年底与西哈努克的见面，让他更加坚信重返柬埔寨这一天终会到来。从那以后，杨国璋开始有意识地把生意向柬埔寨方面发展。

1986 年，越南实行革新开放，对外调整与中国及东盟邻国的关系，对内进行经济体制改革。杨国璋敏感地意识到其中的商机，于是以小额贸易探路，源源不断地把中国的廉价商品特别是越南紧缺的小家电、小五金产品经中国香港输往越南。到后来，他还在越南代理一些日本和欧美产品。至 20 世纪 90 年代中期，他决定退出越南市场时，光是在越南的应收款就有 1000 多万美元。

杨国璋之所以选择越南，是因为越南一直与柬埔寨有着特殊的关系，他希望在越南了解更多、更及时的柬埔寨国内消息，希望以越南为跳板，能够回到柬埔寨。

当时，越南军队自1979年1月进入金边赶走波尔布特领导的红色高棉后，整个20世纪80年代一直未曾退出柬埔寨，因而受到了柬埔寨国内各种抵抗力量的反对，越南军队在柬埔寨战场上士兵死亡5万多人，伤20多万人。联合国大会也多次通过决议，要求越南军队全部无条件撤出柬埔寨。越南军队在军事进攻失利的打击下，在国际持续不断的舆论压力下，于1989年1月宣布于9月之前将全部撤出柬埔寨。

越南军队撤离柬埔寨，让杨国璋更加相信柬埔寨和平的脚步越来越近了。就在越南军队撤离柬埔寨的当年，杨国璋将生意扩大到柬埔寨。他打入柬埔寨市场的产品是中国广东一家企业生产的“555”牌电池。这是杨国璋时隔15年后再次同柬埔寨人做生意。

杨国璋的生意进入柬埔寨后，一些十多年前曾经熟识在战争中幸存下的人，也开始慢慢联络上。有一天，杨国璋接到一个来自柬埔寨的电话，接通电话后，对方问道：“阿姆的身体还好吗？”

潮州人将“伯母”称作“阿姆”，一般是很亲近的人才这么叫

的。杨国璋心里纳闷，为什么这个人叫我母亲为“阿姆”呢？

对方解释道：“我爸爸就是你爸爸从潮州带到柬埔寨的，我是马桂隆呀！”

“啊，马桂隆……”杨国璋十分惊喜，这个马桂隆很小的时候就认识了，红色高棉打入金边时，他没能逃出来，还以为他们一家已经遭到红色高棉的迫害，没想到多年后能再次听到这么熟悉的声音。

原来，马桂隆在做电器生意，得知杨国璋的生意进入柬埔寨，而且也在做跟电器有关的生意后，决定两人联手。马桂隆想从中国香港进口一批“声宝”牌的录像机，由杨国璋在中国香港发货，他在柬埔寨负责销售。声宝录像机是日本声宝集团与中国香港一家电器公司合作生产的，在中国香港设有生产基地。

杨国璋很赞同马桂隆的想法，两人一拍即合。自此，杨国璋在柬埔寨的生意规模逐渐扩大。第二年，杨国璋发往柬埔寨的“声宝”牌录像机每个月就达四个货柜。这项业务成为他在柬埔寨的主要生意。

有了生意来往，再次回到柬埔寨也就只是时间的问题了。1990年农历正月初七，杨国璋夫妇终于再次踏上了柬埔寨的国土。

杨国璋夫妇这次回国住在金边的钻石酒店。除了生意来往外，最重要的一件事情就是找回自己的国籍，看看曾经让他们挂念的酒厂。

这是杨国璋第二次申请柬埔寨国籍，比 1959 年的那次要简单多了。经历战乱，很多人流亡国外，无国无籍，柬埔寨政府也就放宽了加入柬埔寨国籍的要求，只要会柬埔寨语，政府都会给予补办柬埔寨居民身份证。

杨国璋再次名正言顺地成为了柬埔寨公民。拿到柬埔寨公民身份证后，杨国璋很快找人制作了一个副件，然后把原件珍藏起来。从此，不管什么时候，身份证副件随身携带，一刻都未离身。大多数时候，杨国璋会将证件放在上衣兜里，紧贴着那颗赤诚的柬埔寨心。

找回国籍很容易，找回曾经失去的家和厂却是永远不可能了。1979 年后，幸存的金边人陆续回到金边，大量的人死亡或外逃，很多房子没有主人，无家可归的人见房就住，后来也就合法地占有了这些房子。杨国璋的 58 套房产和工厂都被陌生人占据了，早已不属于他的私人财产了。

看到往日生活过、打拼过的地方，杨国璋很想买一部分回来。但是，夫人陈秀珍坚决反对，她对丈夫说："买那些房子做什么，我们又不在这边住，现在柬埔寨的形势还不稳定，难道你忘记了咱们这些房子是如何失去的吗?"

杨国璋想想也是，自己也一时无法从香港的生意中抽身，而且柬埔寨当时确实不算太平，很多地方连电都没有，治安也不好，在金边的一个星期，杨国璋晚上从来都不敢出门。买回自己曾经的房产念头，就此作罢。

回忆起这件事情时，杨国璋感到很惋惜，认为当初做了一个错误的决定。从生意的角度讲，如果当初把那些房产买过来，付出的代价很小，而今那些房产已经涨了几十倍，甚至上百倍了；从个人感情的角度讲，那是杨国璋童年生活的地方，是他年轻时奋斗的地方，有着很深的感情，每当经过那些地方时，都会深深地勾起对过去快乐和心酸的回忆。

22

天人永隔

杨国璋的夫人陈秀珍自嫁入杨家，一直默默地在背后支持着丈夫的生意。夫妻二人相濡以沫近40年，从没有红过脸。对夫人的评价，杨国璋没有用过多的词语进行修饰："她是一个贤内助，她做的菜很好吃，做什么都好吃。"

人生的幸福和欢乐就蕴藏于平凡生活的细微之处，夫妻间的生活也是如此。杨国璋每天出门做生意，回家后夫人会端上可口的饭菜，享受一家人围在一起的温馨，他从来没想过这样的日子会在某一天突然终止，总觉得人生就该如此忙碌、平凡与团圆。

20世纪90年代末，柬埔寨国内的政治形势转好，杨国璋开始逐步紧缩在香港的生意，梦想着有一天带着夫人回到柬埔寨尽享天伦之乐。当时，杨国璋有个叫许锐腾的生意伙伴。这位许锐腾先生同杨国璋一样，也是身在海外的潮州赤子，后来回到柬埔寨后曾任过

杨国璋夫妇在法国留影

中华总商会首届会长。

许锐腾先生性格耿直，做过许多让人意外的事情，最让人乐于称道的是，捐资百万美元，修复金边市的毛泽东大道。20世纪60年代，周恩来总理出访柬埔寨时，曾代表中国人民赠建金边一条“毛泽东大道”，由中国派出工程队建设，建成之后，那宽敞笔直的大道成为柬埔寨一大奇观，联系着中柬人民万古长青的友谊。可是，自柬埔寨发生动乱以来，道路被战争破坏，坑坑洼洼，疮痍满目，因为资金问题，没有及时修复。以制造“两个中国”而臭名昭著的李登辉曾派人赴柬洽谈帮助重修大道，条件是更名为“李登辉大道”。

许锐腾先生深明大义，他毅然率先捐资百万美元，将路修复，仍保持原来“毛泽东大道”的路名。

因为同样怀揣着对祖籍国的赤胆忠心，杨国璋同许锐腾先生不仅是生意上的好伙伴，两家平常交往也很深。杨太太和许太太自然也就成了无话不说的好姐妹。1996 年的一天，许太太听说陈秀珍认识一位广州很有名的保健师，想去做个保健。可是，两人约好时间后，陈秀珍却又联系不上许太太，自己只好变成了保健师的客人。就是这次阴差阳错的保健，陈秀珍发现了埋藏在自己体内的巨大健康隐患。

保健师在给陈秀珍做保健的过程中，发现她的颈部有滚动的瘤，就关切地问道：“杨太太，你身上好像长有东西，平时感觉到痛没有?”

“没有呀，什么感觉都没有。”陈秀珍很奇怪保健师为什么这么说。保健师告诉她：“这是淋巴腺，但是你的有点大，最好检查一下。”

回到家后，陈秀珍跟杨国璋讲了保健师的话。杨国璋觉得夫人平时身体很好，就问道：“痛不痛?”得知夫人没有疼痛感后，杨国璋也没有太在意，只是叮嘱夫人抽个时间去检查一下。

时间到了 1996 年 7 月，陈秀珍始终惦记着保健师的话，杨国璋决定陪夫人去检查一下。结果，保健师不幸言中，私人医生告诉杨国璋夫妻，陈秀珍确有淋巴腺瘤，不过还不能确定是良性还是恶性。热心的医生还介绍他们去政府医院做深入检查。

在朋友的介绍下，杨国璋将太太转入了香港葛量洪医院，这是以香港第22任港督葛量洪命名的公营医院，由于医疗设备好，实行免费，一般治病的人需要提前预约，有时甚至要排队一年以上。幸运的是，陈秀珍很快就住了进去。没多久，院方便通知陈秀珍进行手术。

然而，不懂医术的杨国璋夫妇却做出了一个错误的决定。他们认为，政府医院不收费，而且这么快就能做手术，肯定没有私立医院好。这种对公营医院的不信任，让他们取消了手术，再次转入了私立医院。

进入私立医院后，陈秀珍的病很快被确诊为淋巴腺瘤，随后进入了化疗阶段。化疗整整一年不见效果，而且陈秀珍的精神和体质越来越差，头发大量脱落，身体毫无抵抗力，偶尔吹风便会感冒发烧。

杨国璋看着每况愈下的妻子，内心十分着急。有一天，他从一个银行家朋友那里听说，香港富商霍英东也曾得过淋巴腺瘤，后到北京接受治疗，效果不错。杨国璋很快与霍家人取得联系，在霍英东的关照下，1997 年 9 月 4 日，陈秀珍从香港转入北京的中国医学科学院肿瘤医院。

主治医生告诉杨国璋夫妇：“你们的老国王和霍英东的病都是我

治好的，请放心好了。但是，这个病很容易复发，你们需要每年来这里复查一次。”

杨国璋夫妇听了医生的话后，一年来饱受煎熬的心踏实了很多。他们甚至开始规划着陈秀珍病好后的生活。杨国璋想：自己马上年满60了，可以退休了。现在香港也回归了，孩子长大了，完全可以在北京郊区找个环境好的地方，买一套别墅住下来，在北京养个老，也是很好的。

刚到北京的日子，夫人心情很好，杨国璋每天会去医院食堂挑夫人喜欢吃的饭菜端到病房。9 月，正值桃子成熟季，正好北京平谷地区产的桃子又大又甜，柬埔寨和中国香港都很难吃到的。夫人喜欢吃，杨国璋每天都会给她削一个新鲜的桃儿。每当看着夫人吃桃时，杨国璋都希望时光永远停留在那一刻。

手术迟迟没有做，杨国璋夫妇在北京一待就是一个多月。期间，几个子女来回轮流着照顾母亲，杨国璋却一刻都没有离开过北京。此时，香港的生意几乎陷于停顿。陈秀珍不想让丈夫为自己过多地担心，多次劝他回香港主持生意。这个时候，杨国璋哪里肯离开啊！

10 月 1 日是国庆节，北京的大街小巷非常热闹。由于不能吹风，杨国璋夫妇只能待在病室里从电视中感受到北京的热闹氛围。国庆节刚过，医生就来告诉杨国璋，陈秀珍化疗一年，血小板太少，动手术会导致大出血，因此不能手术。

本来以为手术后病就会好，得知不能动手术的消息后，陈秀珍的精神立即垮了下来，似乎生命之灯也随之熄灭，病情迅速恶化，两天就病重了。

1997 年 10 月 13 日，杨国璋在北京住了四十余天还是未能挽留住夫人陈秀珍的生命。这一天，陈秀珍在祖辈曾经生活过的国度撒手人寰，享年 58 岁。

第六篇

老汉兴

23

根回故土

20 世纪 80 年代，中国改革开放取得的成就有目共睹，对东南亚国家产生巨大的影响力，自 1986 年开始，越南“以华为师”开始革新开放。精明的杨国璋很快从中国和越南的开放中嗅出了商机，先是将中国货物出口到美国，然后又将中国香港货物出口到越南。到 1996 年，由于夫人患病，柬埔寨国内局势趋稳，中国和越南的改革开放不断扩大国内物资不再紧缺，生意也没有以前那么好做了，杨国璋迫切希望回到柬埔寨。

自越南部队退出柬埔寨后，柬埔寨各方抵抗力量代表会晤后宣布组成柬埔寨全国最高委员会。1991 年 7 月，西哈努克被推举为柬埔寨全国最高委员会主席。同年 10 月 23 日，柬埔寨问题国际会议在巴黎召开，签署了《柬埔寨冲突全面政治解决协定》（通称《巴黎协定》）。从此，柬埔寨走上了和平之路。1993 年 5

月，柬埔寨在联合国驻柬埔寨临时权利机构的组织和监督下举行大选，选举产生制宪会议。9 月，颁布新宪法，改国名为柬埔寨王国，西哈努克重登王位，联柬机构宣布结束在柬的使命。11 月 2 日，柬埔寨王国政府正式成立。11 月 15 日，联合国驻柬埔寨维持和平部队全部撤离，柬埔寨王国进入和平重建历史新时期。

参加国际会议的杨国璋

杨国璋没有忘记 1985 年年底老国王西哈努克在香港接见他时说的那番话：“一旦国家和平了，像你这样曾经为柬埔寨经济建设做出过贡献的人，国家非常需要，希望你们能回到柬埔寨！”转眼又是十多年过去了，话语却犹如昨天响在耳际。这次真的要回柬埔寨了，遗憾的是妻子永远不能随他回去了。

妻子去世后，杨国璋的情绪还没有从丧妻的悲伤中缓过来，又接到母亲在法国病重的消息。1999 年下半年，母亲在巴黎去世。一连串的打击，让杨国璋那两年的情绪低落到冰点，生意已经完全停滞。

香港的家变得异常清静，孩子们也各忙各个的，二十多年来每周团聚一次的家庭约定被打破了，除了杨国璋的生日，一家人几乎很难聚齐。杨国璋经常会一个人痴痴地坐在桌边等着妻子端饭给自己吃，无法接受妻子去世的现实。

家里一名雇用了十几年的菲佣跟妻子的感情很深，妻子每天教她做菜、教她学中文和一些简单的柬埔寨语，朝夕相处，情同姐妹。这个情感简单而直接的菲佣每每吃饭时，只要一想到杨国璋的妻子就会哭个不停，诉说她生前的好。菲佣的行为很影响杨国璋的心情。时间久了，杨国璋觉得如此下去不是办法，便给了菲佣一笔钱，狠心地让那位照顾了他十几年的菲佣回了老家。

杨国璋以为自己就此可以安度晚年了，已经各自独立、事业有成的子女们看到夕阳之年的父亲终于不再辛苦地奔波，颇感欣慰，他们虔诚地希望父亲能够从此歇下来享受子女的赡养。但最终，子女们的希望还是没有被实现。

柬埔寨走上和平之路后，一些在战争年代流落在中国香港和法国、加拿大等地的柬侨开始回国创业，一些老朋友偶尔来香港时都会去看望杨国璋。朋友们劝他说：“你能走能动，有做酒的经验，酒又是全国知名，为什么不回柬埔寨重做呢，一定能成功的。”

杨国璋回答：“做酒不是那么容易的，我离开柬埔寨都有二十多年了，知道我的酒的人大都已经不在了。”

“你做过那么多好事，肯定还有很多人记得你的，至少我们会支持你。”在朋友们的不断鼓励下，杨国璋再也无法封闭那颗不甘寂寞的心，终于重拾往日的斗志，决定重回故土，东山再起。

前中国驻柬大使宁赋魁（右三）与柬埔寨侨领合影（右二为杨国璋）

按照潮州人的习俗，远行前需要拜一拜神灵，一保人身平安，二保事业顺利。2000 年大年初一，杨国璋早早来到了香港最著名的庙宇——黄大仙祠。黄大仙祠原名啬色园，始建于 1921 年，经过几十年的悉心经营，整个殿堂金碧辉煌，建筑雄伟，在香港及海外享负盛名。据传说，黄大仙又名赤松仙子，以行医济世为怀而广为人知。相传祠内所供奉的黄大仙是“有求必应”的，签文尤其灵验。每年，不少善信争相在农历新年大年初一上“头炷香”，成为一年一度的城中农历贺岁佳话。

这天，杨国璋上完香，许下愿后，也求下了一枚签，签文内容他至今记得清清楚楚：“夹道花香衬马蹄，蓝袍改换锦衣归；满街红粉皆争羡，翘首芳名雁塔题。”黄大仙祠里的道人告诉杨国璋，求得此签者，万事皆吉祥。这是一支春风得意、衣锦荣归的上上签。签语道尽中国明代人士孙霖中状元的喜气洋洋。新科状元骑着骏马，大道两旁的香花，好像在夹道欢迎。昔日的布衣蓝袍，寒窗下苦读的日子，已经成为过去，如今穿上状元锦袍而归，满街漂亮的女孩子都用倾慕的目光望着这位芳名题在雁塔的新贵人。

一个好的征兆，让杨国璋回柬埔寨的信心更足。他坚信自己的事业会迎来又一个春天，而且他已经嗅到了春天的气息，这气息让他激动不已。

2000 年 3 月 7 日，柬埔寨的雨季来得特别早。这天，一架港

龙航空的班机在淅淅沥沥的雨中降落到了金边波士东国际机场。一位63岁、精神矍铄的老人走出舱门，深深呼吸了一口阔别25年的气息。绵绵细雨让他内心涌起无尽的感慨。岁月蹉跎，从1975年4月10日至2000年3月7日，一别25年，走时炮火连天，归时细雨润物，当年的意气风发，如今的沧浪老人，真可谓天道宁论啊！

杨国璋再次踏上柬埔寨的国土时，热泪盈眶，心中暗暗下定决心：我再也不离开柬埔寨啦！

24

老汉兴业

杨国璋回到柬埔寨了，但他不是来怀旧和感叹的，他要在这个曾经创造奇迹的地方重新崛起。

二十多年的回国夙愿一朝实现，杨国璋浑身上下充满着能量。因为已经准备多年了，所以他一“回家”就忙活起来。在老朋友许锐腾等人的帮助下，他注册了公司，并且在金边毛泽东大道租下五洲大酒店的一间二层门面房作为经营场地。一个新的公司——“柬埔寨老汉兴酒业集团公司”就这样挂牌成立了。

“老汉兴”这个名字源自父亲杨少先20世纪五六十年代的酒行。当时杨少先转行做酒时，也是年过半百的老人，突然转到一个陌生的行业，有着无形的压力，以“老汉兴”之名来激励自己不为年龄所困，不断努力前行。而今，半个世纪过去，曾经年少的杨国璋，任光阴流逝，从人生一个驿站到另一个驿站，如同生命的轮回，当他63岁一介老汉时，来到了父亲同样的转折点。

杨国璋想起了父亲。因父亲走得突然，过世时未曾对他留下只言片语的叮嘱，但是叔伯们说，父亲生命中最后几年已经看到杨国璋成功地接班了事业，心中十分欣慰，毫无遗憾，没什么可说的。酒厂是父亲晚年的心血，杨国璋在心中千百次地提醒自己，不能让酒厂毁在自己手中。他希望父亲能在冥冥之中给予自己力量，认为自己是老汉，因此将公司命名为“老汉兴”再合适不过了。

一切从头来。25年前拥有的物业早已落入他人之手，追讨无门。他需要租厂房，疏通各方关节。于是，杨国璋又租了一个200多平方米的工厂，月租1200美元，一年后，工厂扩大，他直接把那块地买了下来。接着，他开始购设备和泡酒药材、请工人，等等，无论事情大小，杨国璋亲力亲为。

儿女们时常打电话让他不要太过劳累，凡事慢慢来。积蓄了20多年的能量，一旦爆发，如何能收的住？杨国璋每天很累，心中却充满着喜悦，看着公司一天天完善起来，他恨不得24小时不吃不喝加快筹备。

2000年9月，杨国璋的公司终于在金边开业了。开业当天，他邀请了上百位劫后余生的老华侨餐叙，并把香港试制的力士大补酒拿出来与大家分享。这些老华人品尝过后异口同声地说：“这就是25年前的力士大补酒，而且比当初的更好，颜色更清亮些，浓郁的醇香中也多了一种清雅的气息。”

金邊力士大補酒
在日本博覽會上受青睐

力士大補酒走向國際市場

泰國副總理觀賞力士大補酒

力士大补酒在国际上大受欢迎，图为柬埔寨当地华文媒体的报道

当杨国璋告诉大家这就是自己按照当年配方原样试制的力士大补酒时，一些老华人触景生情，力士大补酒回来了，回想起那个时代一家人把酒言欢的场景，大家热泪盈眶。当一个品牌的命运与一个民族的命运关联在一起时，人们就自觉不自觉地把自己的命运与这个品牌串联在一起，因其衰而忧，因其盛而喜。

人们对杨国璋重振事业寄予了很高的期望，同时也有很多人对今天力士大补酒能否重现昔日的辉煌持怀疑态度。毕竟时过境迁，自由竞争的市场条件下，金边来自世界各地的酒类品牌琳琅满目。尽管质量良莠不齐，但给消费者带来了多元化的选择却是事实。原本，杨国璋打算把“黑猫”酒品牌也重新启用，但注册时“黑猫”已经被另外的商人抢先注册，他曾与这个商人联系洽谈买下商标，对方开出了天价，只好作罢。这，又是他面临的一个无奈。

困难很多，杨国璋却从未想到过放弃，尤其是华人对力士补酒

的追捧及对他的信任和尊敬给予他莫大的鼓舞。一个老华人说杨国璋独到的优势有三点：第一是人缘，大家还记得25年前的杨国璋，打心眼里佩服，尊敬他；第二是杨国璋手上有酿酒秘方，那个抢先注册“黑猫”商标的只不过获得一个空招牌；第三是杨国璋与时俱进的胆识、信念、眼界，一般人可望而不可即。

杨国璋听罢大家总结的这些，哈哈大笑，说：“这分明是怂恿我骑到老虎背上别下来。”

这位老华人总结的一点不错。杨国璋在柬埔寨曾经做过不少善事，帮助过很多人，那个年代活下来的人很快都成为“老汉兴”的忠实消费者。而杨国璋一如既往地去帮助那些需要帮助的人。就在他回金边的当年，雨季洪水泛滥，杨国璋在筹建酒厂的百忙之中还捐出了15吨大米。

杨国璋手上的酿酒秘方则是他最大的本钱。从酒厂成立至今，杨国璋既是老板，也是技术人员。配酒秘方从不外传，他每天都会去工厂两次，风雨不误。正因为有着独特的酒方，杨国璋的酒不仅重新立足柬埔寨，而且还打败了当地的很多品牌。那个抢先注册“黑猫”商标的商人，后来无以与杨国璋抗衡，只得把“黑猫”商标又卖给了杨国璋。当前，人们可以看到市面上有很多老汉兴酒业的“黑猫”啤酒广告。

说“杨国璋与时俱进的胆识、信念、眼界一般人可望而不可即”，也是有据可依的。2000年时，柬埔寨的大部分商人还没有广告意识，酒行业从来没有人打广告。杨国璋的老汉兴系列酒是第一家在媒体上做宣传的商家。由于老汉兴的酒出名，以至于被酒广告捧出的艺人就有多名。此外，杨国璋每年送水节还在皇宫对面的河边摆摊位展销，以及参加各种博览会，等等，很快让老汉兴酒家喻户晓。

经过几年的辛苦努力，到 2003 年时，杨国璋的生意开始上轨道了，药酒已经供不应求了，销量比当时啤酒公司的销量还要大。

25

重塑品牌

重新打天下不是一件容易的事，“力士大补酒”和“黑猫”酒虽然曾是柬埔寨民族工业的骄傲，但是20多年的市场空白，这些品牌早已成为战争中幸存下来人们记忆深处模糊的影子，对于新生代的柬埔寨人来说，只是一个陌生的品牌。

杨国璋的年纪已经不轻，一个老人要重振30年前的辉煌，这是非常之事。他认为，非常之事必用非常办法去成就。因此，他以柬埔寨企业家中从来没用过的方式来发展力士大补酒。他的特别之处是重视广告和品牌。传统印象中，广告和品牌是新兴企业家们擅长的事情，但杨国璋却把它操控于股掌。

杨国璋把香港带来的资金，一半用于购买原材料、添置必需的设备、搭建临时厂房及租赁办公场所和支付员工薪水，而另一半则被完全用来做广告宣传，这在很多人看来是不可思议的事情。当时，包括一些代理西方著名香烟、酒水、家电及药品的柬埔寨商人大都没有广告的投入，金边街头和媒体也鲜见广告，什么广告造势更是闻所未闻。杨国璋第一个吃了螃蟹，并且得到超出预期的回报。

在广告推动下，力士大补酒只用短短半年多的时间就又成为了柬埔寨家喻户晓的本土品牌，而且连为力士大补酒做形象代言的乡村少女都一夜成名。这位少女的成功，帮助杨国璋找回了力士大补酒的昔日风采，也为一些怀着明星梦的少女实现宿愿点燃了希望之灯。2004 年的力士大补酒形象代言人黛薇小姐就曾说："力士大补酒的广告就是在柬埔寨最偏远的乡村也铺天盖地，这么强大的攻势，自己想不成名都难。"

老汉兴公司赞助的柬埔寨选美大赛，杨国璋与获奖佳丽合影

2001—2007年这7年期间，随着力士大补酒营业额的增长，杨国璋用于广告的费用一路攀升，他为产品请的形象代言人也不断增加，运动健将、著名演员、歌星等，都纷纷被他请来为力士大补酒捧场。

当时，老汉兴酒每年有五个形式的品牌广告促销造势活动，涵盖拳击、选美、歌唱比赛、舞蹈表演、时装模特大赛五大范畴。与此同时，杨国璋还积极争取一些政府主导的群众文化、体育活动的冠名权，总之，一切可以提升力士大补酒知名度和美誉度的机会，只要价格合适并且可以操控，他就会牢牢把握。

广告打响了老汉兴酒业的招牌，也增加了老汉兴酒业的市场，至2007年年底，老汉兴公司已有30多辆销售车驰骋在高棉大地上，源源不断地把力士大补酒送到千家万户。整个集团的网络上，也有直接参与销售的员工500多名，一级代理商、二级代理商更是遍布全国各地。

一个历尽沧桑的老人，就这样依靠对广告的卓越见识演绎了绝地复生的神话。

后来，老汉兴公司还出产了饮料、啤酒，每当新品上市，杨国璋都会如法炮制，在广告方面下足功夫。目前，公司每年投入广告宣传的费用占到公司收入的三分之一左右。

2013年，公司新产品“黑猫”啤酒上市时，杨国璋打出了“买啤酒，赢摩托车大奖”的广告策略。“经商以诚信为本，我们都是实打实地随机抽奖，并且亲自将一辆辆印有‘黑猫’商标的摩托车送到中奖者家中，并拍照纪念，全程电视台公开录像，这也让我们树立了在消费者中言出必行、诚信经营的口碑”，杨国璋强调，无论推出什么新品牌，公司都会花血本打造广告效应。

除了大量投入广告外，杨国璋还在一些细节上下功夫。他认为，品质不仅仅体现在酒的内在质量，还体现在酒的外包装上。为了“XO 金力士”酒的酒瓶样式，他曾两次到中国寻找制造商，当中国制造商难以满足设计要求时，他又转向马来西亚。“XO 金力士”酒的商标设计，也是在设计师提供的数十个方案中经严格筛选而出的，而且一旦选定后，就不会轻易更改。

对于发展品牌，杨国璋有着深刻的见解。他认为，一个成熟产品的形象不应该轻易改变。在他看来，包装就像人定格在镜头前的面孔，谁不希望把最美的一面保留下来，传承下去？杨国璋有一个很形象的比喻：广告是产品的翅膀，包装是产品的羽毛，质量是产品的筋骨，管理是产品的肌肉，创新是产品的血液，销售是产品的神经。“每个环节都至关重要，都必须尽力做到最好。”他把自己的理念灌输给公司的每一位员工，尤其是那些中、高层管理人员。

品牌效应的作用是巨大的，就像第一次创业一样，杨国璋在柬埔寨二次创业后，受到了柬埔寨政府和领导人的关注与尊敬。如，祖籍潮州、时任柬埔寨王国副总理兼农村发展部部长的杨来盛，就对力士大补酒情有独钟，无论在家庭宴会上还是接待外宾，他都无一例外地把力士大补酒作为首选，而且每次豪饮之。在柬埔寨王国政府的高层中，像杨来盛这样赞赏力士大补酒的人还有很多，前商业部长、现工业和手工业部长占比赛也是其中的一位，他任商业部长时，每逢国际展览，占比赛都会尽力推荐老汉兴酒业公司参加，并竭力为其争取优惠或免费的参展展位。如今的商业部长孙占托，也是如此。

26

质量至上

质量，是企业的生命线。杨国璋发展老汉兴酒业集团的功夫并不都下在广告上，比广告更重要的，是品质。几十年前创立力士大补酒时，杨国璋就对产品质量精益求精，现在，再次创业的他，对质量更加重视并且更加注重细节了。

杨国璋虽然年近八旬，但是公司每瓶酒都没有脱离他的监控，他既是最初的配酒师，也是最后的产品出厂质检员，从 2000 年重新创业到目前为止，十多年风雨无阻，他每天都会去酒厂，生怕因某个细小环节的疏忽而影响了“老汉兴”的声誉。用“品质如命”来形容质量在杨国璋心中的重要性，一点都不为过。

事实上，酒的质量，对杨国璋这个做了几十年酒的人来说，不是问题。比如，杨国璋的一个秘密就是其在质量上过硬的一个例证。公司的系列补酒都是可以加冰或加苏打水饮用，并能提升口感。喝酒的人知道，优质洋酒加冰或苏打水饮用，其口感会得到提升，这是因为优质洋酒的醇香在漫长的窖藏熟化吸纳分解过程中已经处于半休眠状态，冰块或苏打水的掺入充分激活了它的醇香分子。老汉兴系列补酒的窖藏时间相对短，而且是以不可以稀释的白酒为基质，杨国璋为什么能办到呢？这是他的秘方。

“酒香不怕巷子深。”无论20世纪发展力士大补酒，还是重回柬埔寨复兴当年的力士大补酒，杨国璋的酒都受到了上至皇室下至百姓的普遍欢迎。但是，伴随经济发展及外来投资者的增多，特别是消费群体及消费心理的分解变化，人们的选择越来越多了，普通的力士大补酒不再受到年轻人的欢迎了，尤其让杨国璋感到不妙的是，力士大补酒离中产和高端消费阶层越来越远了，而中产和高端消费阶层的力量却越来越大。

杨国璋当然不希望失掉这个市场，他决定对产品进行创新。2004年，他推出了金力士酒。这款新酒是在香港科研人员的协助下耗时5年研制成功的，它以力士大补酒为基质，把力士大补酒偏重于活血怯湿、理气化痹、滋阴壮阳，调整为偏重于健脾、养肝、固肾为主。现代人生活节奏加快，饮食起居缺乏规律，竞争压力大，容易造成脾胃不和、肝阳上亢的中焦损伤，健脾、养肝正中人们的养生之道；至于固肾护阳是针对现代人性解放观念下多姿多彩的个人生活对肾脏元阳的过度消耗。金力士酒的这几点功效，几乎条条都锁定在了繁忙的成功人士身上。

原本，杨国璋当初研制金力士酒是为了开发中国香港、中国内地和日本市场，而且其消费对象就定位于中产阶层。现在，他决定先在柬埔寨来做尝试。事实证明，机会总是眷顾有准备的人，金力士酒推出后，每个月的销售额都成倍增长。目前，在柬埔寨的旅游产品专卖店，星级酒店及大型超市，都可以见到摆在显眼位置的金力士酒，并且以其悠久的历史背景和柬埔寨屈指可数的著名特产身份，成为柬埔寨民族工业的标志性产品。

几年来，杨国璋带着力士大补酒及金力士酒到东京、曼谷、河内、吉隆坡参展，收获颇丰。每次都赢得了大笔订单，只是由于市场准入制度的限制，国际市场的拓展尚不顺畅。但毫无疑问的是，通过参展，他为恢复与重建中的柬埔寨王国赢得了荣誉，让世界增强了对柬埔寨未来发展的信心。

2004 年开始在中国广西南宁举办的中国—东盟博览会上，老汉兴酒业也一直是最受关注的柬埔寨参展商之一，从首届至今从来没有缺席过，每次带来的样品酒没到博览展闭幕就销售一空，而且售价也比较理想。

在第一届博览展上，老汉兴酒业就受到洪森总理的关注；2007 年，洪森总理再次出现在老汉兴酒业展位时，他对参展人员大加赞赏，并鼓励公司继续努力争取走进国际市场；2014 年，洪森总理和商业部长孙占托在参观柬埔寨展区时，在老汉兴酒业展位前停留近十分钟，详细询问了公司的展销和发展情况。

柬埔寨总理洪森、商业部长孙占托在中国—东盟博览会巡馆时，
驻足于老汉兴公司展台前

杨国璋曾两次带队参加中国—东盟博览展，一次是首届2004年，另一次是2008年。老汉兴酒品之所以受到国家领导人的赞赏和中国老百姓的欢迎，杨国璋认为最根本的原因还是酒的质量好。有一件小事很能说明力士大补酒的真材实料。

2008年开展第一天，一位60多岁的中国老太太来到老汉兴酒业的展位前，看了介绍后，对酒的功效半信半疑，说自己经常腰酸腿痛、无法入睡，希望买两瓶试喝一下。老太太拿了100元人民币要求买两瓶，但是老太太所要的酒是60元一瓶的，两瓶120元。工作人员推荐她买10元一瓶小规格包装的酒，老太太很固执，坚持100元买两瓶大的。工作人员正在为难之际，杨国璋过来了，明白情况后，当即

2004 年 11 月，杨国璋带队到南宁参加首届中国—东盟博览会

拿出 10 瓶小规格的酒送给老人："今天我们不收你的钱，你回去可以尝一下，如果明天感觉有效果，请带 120 元来买两瓶。"第二天，老太太第一个来到老汉兴展位前，这次她不是带了 120 元钱，而是拿了 240 元买了 4 瓶。第三天、第四天……老汉兴酒业展销了几天，老太太就买了几次，而且一天比一天买的多，还介绍了很多朋友来买。

老汉兴酒业在中国—东盟博览会上的成功，也引起了中国当地媒体的注意。2004 年，首届南宁博览展后，广西电视台专门派摄制组到柬埔寨采访杨国璋，不仅拍摄了他现代的工厂，还追溯到 20 世纪五六十年代老汉兴的前身。

因为质量，老汉兴系列酒品一直在市场上占据着重要的地位。也正因为如此，杨国璋对质量更加看重。2008 年元旦前夕，老汉兴酒业集团公司获得了国际 ISO 质量体系认证，设在新加坡的国际质量体系认证机构派专人来柬埔寨颁发证书。这让老汉兴酒业集团公司如虎添翼，因为在 WTO 框架下，这个认证就等于取得了进军国际市场的资格。杨国璋一直期盼着打开中国、日本市场的大门，这个认证无疑是关键的一把钥匙。而且，这时的他也已经有了拓展国际市场的能力，因为就在 2007 年年底，老汉兴酒业集团在金边西郊建立的一座现代化工厂已经投入运行。这座工厂将力士大补酒和金力士酒的产量比 2005 年提高了两倍，其潜在的扩产能力更大大超过了 1975 年前的鼎盛水平。超过 1975 年前的水平，在一定意义上就意味着杨国璋超越了他自己，这是他矢志不移的奋斗目标，他相信自己一定能实现。

2007 年，力士大补酒获得“ISO 9001—2000”的国际质量认证

老汉兴酒业获得国际 ISO 质量体系认证之后，世界各地的朋友纷纷向杨国璋表示祝贺，恭贺的电话、传真、邮件接踵而至。杨国璋也在金边真腊剧院举行了盛大的答谢宴会，1000 多位本地的富商名流及专程从国外赶来的朋友欢聚一堂，他们欣喜地表示老汉兴酒业公司的成果是全体华人的骄傲。时任中国驻柬埔寨特命全权大使张金凤女士也兴致勃勃地参加了宴会，代表使馆向杨国璋表示真诚的祝贺。

杨国璋认为，取得国际 ISO 质量体系认证是老汉兴酒业集团公司的阶段性成果，要把公司打造成一流的企业，让更多的人有机会分享这一历史名酒的醇香，还有很远的路要走。

27

中国梦想

杨国璋心中一直存有“中国梦”。儿时，他希望每天都能听到中国故事；年轻时，他希望有一天能够踏上中国土地；暮年，他希望经两代人辛勤创立的酒产品能够进入中国市场。

“我今生最大的愿望就想看到力士大补酒能够进入中国市场，”杨国璋说，“我都快80岁的人了，每天还这么辛苦地干着，真的很累，要是没有这个想法，恐怕我早就退休了。”

把产品打入中国市场这一想法，在杨国璋心中已经酝酿了半个世纪，由于种种原因一直没有实现。从20世纪50年代末接父亲的班开始，杨国璋就想把自己亲手配制的酒带回祖籍国，让祖国亲人尝一尝。到20世纪60年代时，力士大补酒和黑猫酒畅销整个东南亚地区，由于政治原因和中国市场的不开放，产品始终未能进入中国，实为憾事。当杨国璋回柬埔寨再次创业时，正值中国的市场经济全面开放之际，国家快速发展机遇无限，他不想遗憾终生，下决心一定要将产品打入中国市场。对中国市场进行过多次考察后，杨国璋的“中国梦”更为迫切。

老汉兴酒业公司根扎在柬埔寨，但产品本身与中国有着不可分割的渊源，药酒本来是中国传统文化的一枝奇葩，如今在柬埔寨嫁接成功，这应该说是近代中国移民为传承中华文明所做的贡献之一。因此，把老汉兴药酒投放到中国市场，也是一种文化的回归。

杨国璋认为，力士大补酒或金力士酒的未来一定在中国。要让父辈的伟业在他手上重现辉煌，就必须在中国市场上有所作为。他希望自己的下一个阶段性成果是在中国市场上取得，对此也是满怀信心。

在杨国璋的办公室里，有一个酒品展示柜，里面除了老汉兴公司的产品外，其余的全是中国过来的补酒，包括劲酒、椰岛鹿龟酒、竹叶青酒、宁夏红枸杞酒等。杨国璋不喝酒的，但是对这些中国酒他都要尝一尝。他认为，既然要打中国市场，那就必须“知己知彼”。在这些中国酒里，杨国璋最推崇劲酒，他总是喜欢拿自己的酒同劲酒做比较，并不是因为劲酒要好于力士大补酒或金力士酒，因为劲酒是中国第一大补酒，在中国年销售额达100多亿元人民币，这是劲酒的巨大成功。

杨国璋总结，劲酒的成功源自于广告。在品质上，劲酒弱于力士大补酒或金力士酒，其一，所用药材不足10种，而力士大补酒达60余种；其二，劲酒口感带白酒质地，力士大补酒带有洋酒绵柔；其三，力士大补酒工艺独特，可加冰或苏打水，而口感不变，劲酒则做不到这点；其四，力士大补酒具有历史，且是皇宫配方，若加以宣传，说服力要强于劲酒。

当然，杨国璋也知道“橘生淮南则为橘，橘生淮北则为枳”的道理，柬埔寨人的口味不一定适合于中国人的口味。因此，近两年来他一直在听取多方意见，积极研制更适合于中国人口味的补酒出来。

杨国璋的酒真正进入中国是在2004年，当年通过首届中国—东盟博览会的“绿色通道”，力士大补酒作为柬埔寨国家的特色工业产品在南宁展销，大受欢迎，极大地鼓舞了杨国璋将产品打入中国市场的信心。

经过几年的展销后，柬埔寨老汉兴酒业在南宁博览会上已有一定的名气，一些常年参加展会的工作人员甚至与中国消费者成了朋友。与此同时，中国一些商贸公司也发现了老汉兴酒业的市场前景，纷纷联系杨国璋要做酒品代理，中国山东滨州的一家公司通过关系还从柬埔寨运了几千箱酒到中国卖。有一段时间，杨国璋甚至认为自己的“中国梦”就要实现了。

然而，一切并非想象的那么简单。老汉兴酒业的产品要进入中国市场还需要办理各种手续，因为酒是用60余种真材实料的药材泡制而成，其中不乏一些珍贵的药材，杨国璋担心酒不一定能通过中国方面的检验检疫。

几年前，杨国璋的大儿子杨志铮曾专门为此事去过中国咨询，但是到那里后，因人生地不熟悉，加之对中国官场的不了解和手续的复杂性，最后此事不了了之。再加上前些年，杨国璋一直致力于产品的多元化发展，精力有限，主要还是以立足本地市场为主。时至今日，老汉兴酒业的产品都没有打入中国市场，实在遗憾。

近年来，随着公司产品不断齐全，本地市场销售渠道更加成熟，杨国璋慢慢将精力从本国市场转移出来，集中力量谋划进军中国市场。目前，他已经加快了公司产品的检验申报，并联系了多家中国公司，预计公司产品首先在中国北方市场投放。杨国璋分析，公司的产品主要是温补型的，中国北方冬季寒冷，公司产品正好对症。

对于中国的市场前景，杨国璋既兴奋，又担心。一方面，中国有 13 亿多人口，这是一个 100 倍于柬埔寨的超级大市场，而且随着中国经济的不断发展，无论平民还是上流，都有充足的能力消费，如果老汉兴酒业能够在中国站稳脚，那将是一个什么样的美好前景啊！另一方面，老汉兴酒业的产品品牌是杨国璋用一生呵护成长起来的，无论中国人怎么看这个品牌，但在柬埔寨，它就是民族工业的骄傲，是杨国璋生命意义的所在，他不想因为第一步的失误，而将这个品牌砸在了中国市场，可谓小心翼翼。

梦想终究是要变成现实的。杨国璋无法掩饰内心的激动，他说："中国国家主席习近平提出了'中国梦'，当我们的产品进入中国后，我的梦想就跟中国梦融入在一起，这是一件很有意义的事情。"

28

产品多样

药酒的研制凝聚着杨家两代人半个多世纪的心血，药酒配方被杨国璋视为传家宝，从不示人。第三次创业，杨国璋依然以药酒打天下。多年来，老汉兴公司一直全心经营着“力士大补酒”这一品牌，牢牢占据着柬埔寨的药酒市场。

品牌不变，品质在不断提升。杨国璋会经常收集市场对力士大补酒各种信息的回馈。认识新朋友，他会拿出自己酿的药酒让对方品尝，然后关切地问口感如何，与其他酒有什么区别，然后根据朋友的意见再加以改进；碰到老朋友，他会拿出新改进的药酒让人品尝，然后会问这个酒跟以前的酒有什么不同，是好还是坏。

就这样，杨国璋不停地改进酒的质量和口感，力士大补酒的品质也就不断地提升。他认为，喝酒是一件快乐的事，首先要口感好，然后酒要对人体有帮助，既然是补酒，那么宣传中所提到的“舒筋活络，补肾壮阳，增强体力，益寿延年”等功效就必须达到。

在改进过程中，杨国璋还尝试在药酒里面添加野生蜂蜜。喝酒伤胃伤肝，虽然是药酒，对人体的损害也是在所难免，如何将这种伤害降低到最小呢？杨国璋想到了野生蜂蜜。野生蜂蜜有一种淡淡的香味，不浓，放置在空气中经久不绝。野生蜂蜜还有很大的药用功效，不仅对胃肠功能有调理作用，还对肝脏有保护作用，能为肝脏的代谢活动提供能量准备，能刺激肝组织再生，起到修复损伤的作用，此外还能起到美容、益寿等功效。但是，在柬埔寨野生蜂蜜的价格不便宜，酒中加入蜂蜜成本必然提升。杨国璋却没有给酒加价的意思，他认为，酒越来越好，喝的人越来越多，销量自然就上去了，何必在价格上“伤人”呢！

力士大补酒以其几十年不变的高品质，培养了一大批忠实的“酒友”，其中很多人都是20世纪六七十年代的老者，他们记得那个年代的口味，喝起力士大补酒就会想起那些难忘的往事。然而，随着时代的变迁，特别是柬埔寨开放的市场环境，越来越多的洋酒进入国内，加之年轻人受西方国家生活的影响，各种洋酒和啤酒充斥着柬埔寨的酒市场，更受年轻人青睐。这种情况下，力士大补酒销量虽然稳定，却也难以突破。

“不把鸡蛋放在一个篮子里”，是一个简单的投资理念，杨国璋当然明白，他割舍不下的是几十年的传统品牌，他不想让其变质。改变与发展使杨国璋一时感到十分困惑。

2010 年，杨国璋的二儿子在北京参加一个酒类展销会时，碰到一个苏格兰酒商，希望能与老汉兴合作。可是，如何合作呢？杨国璋不想成为别人的经销商，他需要创立自己的品牌。

经过研制，杨国璋成功地在力士大补酒里添加了威士忌。于是，这一年，亚欧结合体——“XO 金力士”诞生了。

XO 金力士酒保留了力士大补酒的功效，同时兼具洋酒的口感，而且在掺入苏打水和碳酸饮料稀释介质时，品味各有千秋，充分满足了不同消费群体的需求。金力士酒很快在市场上站稳了脚，成为老汉兴公司的又一精英产品。

就在这个时候，杨国璋用高价拿回了曾经的“黑猫”商标。“黑猫”是杨国璋亲手创立的品牌，有着特殊的感情。第二次世界大战后，“黑猫”商标被他人抢注，杨国璋一直想高价买回所有权。对方抓他的这个弱点，漫天要价，此事一搁就是十年。后来，那个拥有“黑猫”商标的商人生意做不下去了，只好把商标出卖给杨国璋挖最后一笔钱。

重新获得“黑猫”商标，杨国璋失而复得视为宝贝，十分重视，希望能为“黑猫”赋予重生的力量。

此时，老汉兴公司已经有“力士”和“金力士”两个药酒品牌，再添加一个“黑猫”显得有些多余。杨国璋迟迟未能启用“黑猫”品牌。

几年后，直到2013年，在市场消费观念的推崇下，经过慎重考虑，杨国璋决定将“黑猫”用作公司第一款啤酒的商标。

老汉兴公司产品展示

对于啤酒，杨国璋不太了解，因此，“黑猫”酒是贴牌生产的。他打算先看市场反映，然后建立自己的生产线。

2015年9月，“黑猫”啤酒追随“老大哥”力士酒参加中国南宁举办的第12届中国—东盟博览会，取得了很好销量。

如同半个世纪前创立“黑猫”品牌一样，“黑猫”再次承载着杨国璋的新希望起航了。

既然有了洋酒和啤酒，何不将公司的产品更加多元化，提升公司产品的市场竞争力呢？于是，老汉兴公司又涉足果汁饮料，由马来西亚公司代工的，拥有独立的品牌“Bingo”（宾果）。

产品多样化的潘多拉盒子一旦开启，杨国璋便有了打造老汉兴商业帝国的梦想，他还想创立属于自己的矿泉水品牌，犹如50年前刚创业那会儿，有着使不完的劲儿。

29

荣誉等身

“力士”和“黑猫”两个品牌的酒是柬埔寨20世纪中期食品工业的代表，时至今日，依然是行业的翘首。在西哈努克时代，柬埔寨工业品牌能在国际展会上摆上台面的很少，力士酒和黑猫酒是每会必展的产品，为柬埔寨赢得过不少声誉，所以西哈努克国王也会不厌其烦地在一年之中7次宣传力士和黑猫酒。

21世纪，“力士”和“黑猫”两个酒品牌重生后，受到了国家领导人的多次关注，与几十年前一样，无论哪里有国际展会，商业部都会将老汉兴酒业列为参展单位。在中国—东盟博览会的老汉兴公司展台前，曾留下过洪森总理和孙占托、占比塞等部长的身影。

杨国璋认为，国家领导人的关心，是一种动力和责任，时刻督促着企业不断前进。此后，他不断在产品质量上下功夫。

2007年，力士大补酒获得了“ISO 9001—2000”的国际质量认证，后来又升级到“ISO 9001—2008”的国际质量认证。在食品工业相对落后的柬埔寨，这一国际质量认证显得极其稀少和重要。当时，时任中国驻柬埔寨大使的张金凤女士获悉此消息后，还亲自登门祝贺。

2013 年，老汉兴酒业集团获中国—东盟博览会“优秀参展商”，公司副董事长杨志铮（前左四）领奖

近年来，老汉兴公司的产品逐渐得到了中国市场的认可。2011 年上海世界健康博览会时，金力士获世界健康博览会推荐产品酒；2013 年，力士酒荣获第十届中国—东盟博览会荣“优秀参展商”。

事业有成的杨国璋从来不忘记公益，鉴于他对国家食品工业和社会公益事业做出贡献，中国政府和柬埔寨政府多次对他进行褒奖。

2011 年 10 月，中国国务院侨务办公室特授予杨国璋“热心海外华文教育杰出人士奖”。作为卓有贡献的柬埔寨华界侨领，杨国璋受到过中国三任领导人的接见。2000 年，受到时任中国国家主席江泽民接见；2001 年受到时任中国人大委员长李鹏接见；2002 年受到时任中国国务院总理朱镕基接见；2006 年受到时任中国国务院总理温家宝接见；2009 年受到时任中国国家副主席习近平接见；2012 年受到时任中国国家主席胡锦涛接见。

在接受胡锦涛主席接见后，杨国璋对中国新华社记者说，中国改革开放三十多年，经济成就举世瞩目。海外华侨华人对中国的强大感到特别高兴和兴奋。胡主席在访柬期间专门安排时间接见华侨华人，关心海外游子的事业和生活，令人感到很欣慰。

杨国璋是中、柬友谊的使者，是柬埔寨华人的骄傲。为了表彰他几十年来为中、柬友谊、为柬埔寨社会做出的巨大贡献，2008 年，柬埔寨西哈莫尼国王授予杨国璋“金骑士奖”，并授“勋爵”；2010 年被授予“斯里沃奖”。

2014 年 2 月，柬埔寨国王西哈莫尼再次签署王令，御赐杨国璋“国家最高贡献勋章”。同月 25 日，柬埔寨王国总理洪森向杨国璋颁授了“国家最高贡献勋章”。

对于这一至高无上的荣誉，时任中国驻柬埔寨大使馆领事部主任杨庆连认为，杨国璋勋爵被洪森总理颁授“国家最高贡献勋章”，表彰他对柬埔寨国家经济社会发展做出的贡献，这是杨国璋勋爵的

2014 年 2 月 25 日，柬埔寨王国总理洪森向杨国璋颁授“国家最高贡献勋章”

光荣，也是我们在柬杨氏宗亲的光荣。

随着年纪的越来越大，杨国璋害怕出名。名声在外，很多人慕名而来，他不仅是柬埔寨理事总会的荣誉顾问，还是许多中国商会的名誉会长或顾问，如广东总商会、宁波商会、湖南商会，等等。头衔多了，应酬在所难免，近八旬的身体哪里吃得消经常长达几个小时的宴会。赴宴成了他的一大烦恼。

一生的荣誉太多，杨国璋对荣誉也就看得很淡。他在乎的是外人对他的酒的评价，在乎的是外人对他这个人做事风格的评价，什么名号、头衔只是一些虚无缥缈的东西。

第七篇

普世缘

30

中华医院（上）

杨国璋的事业很精彩，但他人生的第一个高峰却是来自社会公益领域的奉献。

20 世纪 70 年代初，正值风华正茂的杨国璋被全柬埔寨华人公推担任柬埔寨中华医院的董事长。中华医院虽然是一个医疗机构，医院董事长却是华人社会的领袖人物代表。中华医院在柬埔寨华人社会发展史中具有重要地位，曾经为华人与当地人民做出巨大贡献。

早期，在中国之外的华族社会，大抵是建立在地缘（会馆）、血缘（宗祠）与业缘（公所）的基础上。华人背井离乡，远居异域，既无本国政府做后盾，亦无当地政府为扶持，只得和衷共济，自力更生。于是，便有会馆、宗祠和行业公所的设立，以收互助合作之效，如互助推荐职业、救济病藜等。可以说，海外华社社会的人口、经济，甚至文化教育、社会公益等事业的发展，都是从这三大类华

20 世纪 70 年代，杨国璋（前排右四）任中华医院董事长时与院董们合影

社传统组织所茁长而发扬光大的。

在柬埔寨的华人社会存在着五大会馆，由于那时还受到中国封建思想的影响，所以会馆称为“帮会”，即今天柬埔寨海南同乡会、广肇会馆、福建会馆、客属会馆、潮州会馆五大会馆的前身。中华医院就是由五大帮会华人共同出资成立的，它既是一个救死扶伤的医院，又是一个团结、号召华人的领导机构。这个机构的负责人往往是五大帮会中最有权威的人担任。

中华医院的历史可以追溯至上百年。据现有资料得知，中华医院创建于清道光元年，即 1820 年，前身为“中华施医赠药所”。1895 年，潮州帮创立后，柬埔寨的潮州人在发展中华医院中起了骨干带头作用。当时，在南洋地区，还有马来西亚的茶阳会馆于 1878

年创办的茶阳回春馆中医留医所、新加坡茶阳会馆和琼州会馆分别于1890年及1902年主办的茶阳回春医社及乐善居医社等，与中华医院齐名。因这些医院服务于贫苦的华人，在南洋华人界有着很大的影响力。可惜的是，时至今日这些具有上百年历史、在南洋华人最困难时救助无数华人性命的医院没有一个保留下来。

20世纪40年代，中国国内战乱不断，硝烟四起，沿海居民大批逃亡海外。新华人的大量涌入，使金边华侨人口暴增，达40万人之众。他们大多数蜗居在卫生条件十分恶劣的菜园区，成为菜农、肩挑小贩、商店杂役、工厂学徒、码头苦力、小手工业者等，过着极其贫困的生活。过度操劳加上恶劣环境，不少人因而病魔缠身，苦不堪言。面对华侨病藜日益递增，“中华施医赠药所”的规模已难以满足需求，在五大帮的呼吁和领导下，获得各界热心人士的响应和支持，逐步扩大服务范围，并改名为“中华医院”，地址位于现今莫尼旺大道和西哈努克大道的交界处。

中华医院虽属华侨公办，但因非当地国立机构，在政府看来，便属私立性质，因此难以得到卫生部门人力、物力和财力的支持，故缺乏医生、护士等专业人才，在医疗设备上也相对落后，自然也就影响当年医院的服务素质。

直至1958年，中、柬两国正式建立外交关系，金边华侨社会发生巨大变动，在文化、教育机构先后掌控在进步人士手里的同时，要求医院彻底改革的呼声日益高涨。在历史的转折点，在大好的形势下，终于由各界爱国侨领组成的“中华医院董事会”正式接管中华医院最高权力。院里的日常运作也由新成立的“院委会”全权主导。从此一个崭新的、脱胎换骨的新中华医院呈现在人们眼前。

在中国驻柬埔寨大使馆的关怀和帮助下，1959 年经董事会决议，院委会推荐、保送 5 位资深护士林志强、洪玉华、曹红玉、许智昭、伍淑英到北京学医，分别学习内科、儿科、产科、外科、五官科。1960 年，5 位医生学成归来积极投入自身的岗位，把所学服务于广大病侨，他们可贵的精神深获广大侨胞的赞许。

中国政府为了支持这所慈善机构，先后赠送各类有关医疗设备，如 X 光透视机、外科手术仪器、产房用具、消毒蒸汽炉等，使中华医院朝正规医院发展。随着中华医院医疗器具完备，服务态度认真负责，医疗效果迅速提高，深受社会各界人士欢迎。

这期间，除华人群众经常到这里求医外，其他族裔如越南人、柬埔寨本地人也闻名而至，医生们秉承治病救人的精神，对各族病人一视同仁，尽心尽力为其服务。由于求诊人数日益增多，服务对象越来越广，原来有限空间不敷应用，扩建中华医院迫在眉睫。

此时适逢金边郊区波士东义地被政府军部征用，义地被迫迁往贡武，在华侨代表极力争取下，军部将原潮州义地靠近公路的一块土地拨归中华医院所有。于是，董事会决定筹建新院，经董事会奔走募捐，各界热心人士慷慨解囊，中华医院分院终于 1968 年顺利落成，这是柬埔寨华人社会的一件大事。

在筹建分院时，五大帮的老前辈找到已经接手家业的杨国璋，希望他能出钱修一间医疗室。对于这种服务于华人的好事，杨国璋当然不会推辞。不过，让五大帮老前辈们诧异的是，这位年轻的后生一开口就要捐建两间医疗室。大家喜出望外，立即对面前的后生肃然起敬。

杨国璋说："中华医院有很多贫苦的华人，大家都是同胞，能为他们做一些力所能及的事，是应该的。"

事实上，中华医院对华人医疗免费，经费来源为五大帮会和华人界经商者资助。从杨国璋的父辈起，他们每年都会资助中华医院。资助者按资助金额分成各个等级的会员，当时杨少先和杨国璋已经是最高的"甲级"会员。

杨国璋捐助两间医疗室在华人界影响很大，为他赢得了很好的名声。随着事业越做越大，对华人的帮助也越多，他逐渐成为新一代的华人领袖代表。

1972 年，中华医院董事会换届选举，从未进过中华医院董事会的杨国璋被全票推选董事长。此时，杨国璋只有 37 岁。

31

中华医院（下）

1970年3月，朗诺政变。在美国的支持下，朗诺执政后，华人华侨成为政治冲突下的牺牲品，受到长期的压制和摧残，华文学校被关，华人企业受到严重影响。杨国璋的酒厂也是在战争中夹缝发展。

受中国政府的影响，中华医院里的很多医务人员都是倾向于同朗诺作对的柬共。因此，担任中华医院的董事长风险极大。杨国璋当选董事长后，此时已经转移到香港的母亲立即反对。

杨国璋晓以大义，对母亲说："既然大家选到我的头上，就是对我的信任，我就要负起这个责任。"他请母亲大人放心自己的安危，下定决心要继续服务于华人社会。

经过几年的战乱，国内经济受到严重破坏，华人的生意极其难做，需要求助的人越来越多，而捐助的钱却越来越少，中国政府方面的捐助也变得困难起来，中华医院的日子开始艰难起来。杨国璋上任后做出的第一个令人吃惊的举动是捐助中华医院500万柬币。这在当时可是一个巨大的数目，朗诺政变前，国内经济稳定时，医院董事会成员每年也才捐助数万柬币，杨国璋捐出这么多钱，很大程度上解决了医院的经济困难。

杨国璋还对医院进行了改革。中华医院可以免费为任何人接诊，但是住院因涉及吃住等大量费用，所以此前一般需要董事会成员签字才能免费入住。杨国璋任董事长后发现，这个环节中有一个陋习，有些华人与医院董事熟识，小病也能住院，而一些大病真正需要住院的人苦于找不到签字的董事，只能每天在医院和家里来回奔波。于是，杨国璋决定，将病人住院与否的权力下放到了医生手中，医生根据病人病情做出决定，从而消除了董事们的特权。

由于医院经费有限，历来都须厉行节约，除了机构精简，医职员工薪金待遇普遍都低于其他同类机构。如护士们的待遇月薪只有200柬币，薪酬是私人医务所或市立医院的一半左右，甚至更少。让杨国璋感动的是，这些医职人员都抱着为广大病患服务，为侨社做好事的决心，任劳任怨地工作。其中不少护士都是初出校门的中学生，部分更是富裕家庭的千金小姐，她们不计待遇低微，不怕工作辛苦，真心实意当个为侨民服务的“白衣天使”的精神，十分难能可贵。

几十年后，每当想起中华医院的医务工作者们，杨国璋都十分感慨：“现在哪里还能找得到那些无私奉献的医务工作者，他们的品质真的很高贵，认人钦佩和赞赏。可惜，很多医术高明的医生都死于红色高棉时期。”

在那个动荡不安的年代，杨国璋既要保证中华医院正常运营下去，还要保障医院里每个医务工作者的人身安全。由于政治原因，处于金边朗诺政权眼皮底下的中华医院并不安全。据一些曾经在中华医院工作过的老人回忆，政府有关机构曾一度想接管中华医院。但因这是一所慈善机构，看病、医疗、住院等一切都是免费，一旦接管，庞大的开销将给政府带来巨大的负担，这种“赔本生意”绝不是政府官员所愿意干的“蠢事”，故只好打消接收的念头。

政府没有放松对医院的监督，经常会对一些医生的家进行搜查，查到一些药品就会以“通敌”罪抓起来。中华医院的很多医生职业道德高尚，是不分白天黑夜出诊的，家里放一些药品是很正常的事。每当有医务人员被政府责难，杨国璋都要出面解决。好在他在当时的影响力大，政府中也认识很多人，大多都有惊无险地过去了。

1974—1975 年，战争局势最紧张的两年，已经偶尔有炮弹落入位于波士东郊区的中华医院分院附近。政府也在医院隔壁驻了军。政府军疏于管理，经常会跑到医院捣乱，白天骚扰女护士，晚上就用弹弓打医院的灯，每天还将兵营里饲养的牛羊拉进医院大院吃草，医院里到处都是牲口的粪便。

战争年代，士兵为大，医院的工作人员哪里敢得罪部队的军官们。杨国璋不想让部队士兵影响到医院的正常工作，苦思冥想，一条好计上心头。他动用关系，找到部队司令视察中华医院。这位柬埔寨军官一走进医院，见到院内到处是牛羊和牲口的粪便，脏乱不堪，十分不悦，问起原因。杨国璋立即道出缘由，并提及士兵经常在医院做的一些坏事。这位军官当即表态，回去一定对部队严加管理。此后，隔壁部队的士兵们再也不敢来中华医院捣乱了。

在以杨国璋为首的中华医院董事会的管理下，院务工作顺利开展，井然有序。此时，主院和分院工作和医务人员总数多达 250 余人，护士人数就有 180 多位，病房 300 多间，各主要科门诊齐备：内科、外科、儿科、产科、五官科和中医部，每天挂号名额都在 200 多个。医院还设有耆老住院部门，收容单身孤寡病患，特别是长期患病的老华侨，他们在此孤身，宛如置身于一座充满温馨的养老院之中。很多老人最终在中华医院去世，医院会按照华人风俗，让老人入地为安。

杨国璋还大力推动侨界以认捐方式定期捐款，确保医院能正常运作。金边各大商户、厂家、公司、企业及各省市商界热心慷慨解囊，侨胞们的善举宛如股股甘泉，汇成浩浩慈海，让中华医院得以继续发展。

从“中华施医赠药所”到“中华医院”，历经一百多年的沧桑，几代柬埔寨华人的心血，坎坷曲折的路程，体现华人在异国他乡团结互助、艰苦奋斗、勇敢上进、追求理想的崇高精神。只可惜，

1975年4月17日，在红色高棉的统治下，中华医院与千千万万高棉人民和华人同样遭受残酷的命运。杨国璋的中华医院董事长一职也随着历史的变故戛然而止。对于国家和华人的命运，他无能为力，深感痛心。

战后，中华医院旧址作为商业用土地被出卖，虽然有华人提出重建中华医院，但是战后的华人大多变得一无所有，再加上当时政治的不稳定，此事不了了之。

如今，很多老华人经过柬埔寨金边莫尼旺大道和西哈努克大道的交界处，见到路边转角处出现两个“双峰塔”的模型，还标明42层楼的字样，都会情不自禁地多看两眼，“望塔兴叹”，回顾昔日的历史。因为在那里，昔日曾经是救人无数、有着上百年历史的中华医院。

32

华人一家

财富取之于社会，予之于社会，是杨国璋先生为人处世的人生哲学。老汉兴酒业集团在发展的同时把回馈社会、支持华社建设、支持华文教育事业当作企业发展的重要部分。

早在20世纪60年代期间，柬埔寨华文学校的发展遇到经济及政治层面的障碍，杨国璋利用自己在国家领导层的关系帮助打通关节，同时联络华人小区的富商名流慷慨地向散布在柬埔寨各地的华文学校游资，使得华文学校在极其困难的环境中得以生存下去。

如今，柬埔寨的华文教育事业焕发着勃勃生机，全国各地很多华校都接到过杨国璋的捐助。仅近两年来见诸报端的捐助有：2012年4月，干拉省加江培英学校建新教学楼，杨国璋捐5000美元；2012年11月，由柬埔寨王家研究院孔子学院和华商文化中心合作开办的“汉语中心”揭牌成立，这是中国国家汉办孔子学院在柬埔寨推广汉语教学的第十个教学点，杨国璋为该中心赞助2000美元；2013年，西哈努克省港华学校建新教学楼，杨国璋捐助10000美元；2015年7月，广肇会馆下属广肇学校扩建学校，杨国璋捐助5000美元……对于自己的母校，杨国璋更是多次慷慨解囊，无论是扩建还是校庆，或是资助贫困教师，他总是有求必应。

杨国璋不仅自己支持华教事业，还积极调动他人的力量，为华校捐资出力。如，2015年2月，香港商人凌先生在杨国璋的引荐下到访柬华理事总会，希向柬华理事总会捐款22000美元，用于帮助柬埔寨干拉省哥条市育华学校、磅湛省成东市新光学校、卜迭棉芷省吾哥比里市中华学校等11所贫困华校。

对于自己的捐助，杨国璋认为是很平常的一件事，对于别人的捐助，他却颇为感动。当凌先生向华校捐款时，他感动地说：“凌先生心系柬埔寨困难华校，送来关怀和温暖，钱有价，情无价，受到援助的华校一定会铭记凌先生的功德，办好学校，培养出更多的有用人才。”

除此之外，杨国璋每年都要为全国华校的老师们端午送粽子，中秋送月饼，新春送年历，等等，尽显慈善家的仁爱本色，更体现中华民族的优良传统美德。

用杨国璋先生的话说，华校是传承中华文化的地方，培养中华

杨国璋与前中国驻柬大使张金凤女士合影

文明的摇篮，工作在华教岗位的教师们兢兢业业，真诚奉献，自己只是表达一份慰问而已。

杨国璋还大力支持华人体育事业，如华人乒乓球比赛，杨国璋每年都会出资捐助；他还是柬埔寨棋联最高名誉顾问，多次赞助象棋大赛，棋联还曾将大赛命名为“金力士杯”。

华人一家亲。杨国璋甚至还为一些华人出资购买义地。如2013年6月，他就曾向磅湛省翁湖县市柬华理事会捐资购买义地。翁湖是磅湛省东岸橡胶园区的一个小镇，当地民风淳朴，华人多为小本生意人，财力有限，购买华人义地苦于欠缺经费，杨国璋得知后，

柬埔寨棋联总会授予杨国璋名誉会长

立即捐资 1500 美元，希望助翁湖同胞了却一宗心事，为长者解决后顾之忧。

杨国璋不仅全力支持柬埔寨的华人，还心系祖籍国同胞，民族魂的赤子心深植生命之中，不断地为祖籍国灾区捐款，向同胞们伸出温暖之手。

2008 年，中国北方地区遭受严重雪灾，杨国璋从报纸上看到消息后，立即拜访中国大使馆，委托大使馆向中国遭受雨雪冰冻灾害的地区转交 3000 美元的救灾善款。中国大使馆赞扬，杨国璋的仁风义举展现了柬埔寨华人华侨心系灾区，情系祖国的浓浓亲情。

同年，中国四川汶川发生严重地震灾害，杨国璋第一时间通过柬华总会向地震灾区捐款5000美元。此后，随着地震死亡人数的不断增加，杨国璋知道这次地震已经超出了他先前的预估，于是几天后又前往中国驻柬埔寨大使馆，向中国四川地震灾民追加10000美元捐款。他表示，地震发生后，每天晚上都在看抗震救灾的报道，深受感动，希望该笔款项能够为灾区重建尽一份心力。时任中国驻柬埔寨大使张金凤在官邸接见杨国璋，对他的义举给予高度评价。

2010年4月，青海省玉树藏族自治州玉树县发生地震灾害；8月，甘肃省甘南藏族自治州的舟曲县发生特大泥石流灾害。两次灾害，杨国璋也都通过柬华理事总会或中国大使馆对祖籍国人民进行捐助和表达慰问。

在中国驻柬埔寨大使馆举办的2011年春节招待会上，时任中国驻柬埔寨大使潘广学对杨国璋等柬埔寨华人身居海外、心系祖国的行为表示高度赞赏。他说，在青海玉树地震、甘肃舟曲山洪泥石流等艰难时刻，广大旅柬华侨华人感同身受，情系灾区，纷纷慷慨解囊，通过各种渠道和途径向灾区人民奉献爱心，出现了许许多多动人场面。

“大家都是华人，需要相互帮助。我以前做中华医院董事长帮助过很多华人，所以后来我再次回到柬埔寨后，很多朋友帮我，才使得老汉兴快速发展。”杨国璋始终认为天下的华人不分国籍，都是一家人，要携手共进。

33

扶弱助困

杨国璋是个充满热心的人，他一生乐善好施，除了积极参与各种慈善活动，捐款捐物，还经常济贫扶弱。

20世纪60年代，杨国璋的生意已经取得巨大成功。与之合作的很多华人商户却并不富裕，有些人还在为生计挣扎，做生意的本钱要么是全家的积蓄，要么是四处借贷而来。杨国璋充分发挥爱的力量，大量让利经销商。

有段时间，力士大补酒在市场上频频脱销，供不应求。这时，有些朋友包括一些代理商劝杨国璋提高售价，但他没有采纳。他说，商品与人品一样，人的价值并不体现在他的财富上，而取决于他对社会大众的贡献。商品的高贵与否也不体现在价值上，而是取决于能否最大限度满足消费者需求并造福于社会大众。

因为货物很紧俏，当时不少人靠倒卖力士大补酒的订单也可以大赚一笔。有些老华人至今对力士大补酒的订单超过银行本票的信誉和价值津津乐道。但即使在这样的情况下，杨国璋也不为利益所动，而是极力扶持那些家境贫寒的经销商，并且向他们提供零预付待遇，从而帮助很多家庭摆脱了生活困境，当然，这也对他的生意有益，培植起了一批忠实的经销商。

有一件事至今天让杨国璋印象深刻。同样是在20世纪60年代，力士大补酒的畅销让一些利欲熏心的人垂涎三尺，假冒伪劣力士大补酒一度在一些偏远地区泛滥。防止假冒的泛滥成为杨国璋必须重视而且采取措施。

1966年送水节前，有人举报柬埔寨东部的菠萝蜜省有个华人用劣质木薯酒充当力士大补酒销售谋取不当利益。杨国璋当即请警方配合一同前往事发地，人赃俱获。

按柬埔寨当时的法律，假冒他人商品销售牟利除承担巨额的经济赔偿责任外还要被追究刑事责任。随同杨国璋一同前往的公司销售部门负责人力主将造假者绳之以法，以儆效尤。而当地的华人社团领导层则出面协调，他们如实地向杨国璋介绍了这个人贫困潦倒的家庭状况，恳请杨国璋顾念同胞的情分网开一面。

杨国璋陷入两难抉择，一方是自己的公司利益，一方是同胞亲情，孰轻孰重一时迟疑不决。为了弄清真相，他让当地华社的负责人陪同到造假者家里走访。在那里，杨国璋看到了一座难遮风雨的吊脚楼和衣衫褴褛的几个孩子。他不明白，一向勤劳富足的华人家

庭怎么会一贫如洗？华社的负责人告诉他，孩子母亲的疾病拖累了这个家庭。

了解真相后，杨国璋当即通知警方放人，并交给华社的负责人2万柬币（30柬币等于1美元），请华社帮助这个家庭修缮房屋。这天，杨国璋还应邀参观了社团的华文学校，获悉学校的课桌不足及教学设施陈旧的情况，他又捐助了2万柬币。在当时，华文学校长老师在柬埔寨是最高收入的职业，每个月也不过几千柬币。他的销售部门负责人大惑不解，问道："我们是来打假，还是来行善？"

杨国璋笑着说，有假必打，有善必行。打假有很多种方法，以德报怨是最上策。这件事后，菠萝蜜省再也没有发生过造假事件，而力士大补酒的销量也直线上升。

精诚所至，金石为开，以德报怨产生驰魂宕魄的威势，令那个造假者羞愧难当、无地自容。后来，他在杨国璋的帮助下成了力士大补酒的代理商，而且业绩非凡。

至今，杨国璋讲起这件往事依然认为自己当时处理得非常得当。但是，对另外一件事，他却始终耿耿于怀。

1964年的某一天深夜，杨国璋接到电话，是自己的一位老员工突然晕倒。这位员工家里很是贫困，老员工的家属不知道如何是好。杨国璋二话没说，连夜驱车赶往老员工的家里，将他送往当时金边最好的法国医院抢救。

因送医院及时，经医生抢救，老员工的命算是保住了，但是却落下了个终身瘫痪，整整在床上躺了十年，至1974年去世。十年间，老员工不仅不能挣钱，还需要儿女照顾，本来贫困的家庭，受其拖累，更是家徒四壁，家人也跟着受了不少苦。虽然这期间杨国璋会经常给这家人送钱送物，但却改变不了他们一家人的根本命运。

对于这件事，杨国璋心里纠结了几十年。“如果当初我不将他送到医院抢救，他自己，包括他的家人也不会受那十年罪。有时我都不知道这件事做的是对还是错?”他接着又给了自己答案：“不过说真的，如果让我再选择一次，我还是会送他去医院的，我不送他去医院，他当时就死了，做人怎么能见死不救呢，至于后来的结果，我们也是不愿看到的。”

再次创业后，杨国璋的热心和爱心依旧不减当年。身为腰缠万贯的著名实业家，他为人谦逊平和，无论走到哪里，他都是满脸笑容。与几十年前一样，他的朋友遍布柬埔寨政商两界与民间。如果用一句话来形容杨国璋，德高望重是最简洁，也是最贴切的了。

好事做多了，美名自然在外，甚至连一些不认识的人遇到困难都找上了门。

2002年中国春节的前两天，一位中国老人找到了杨国璋位于金边毛泽东大道中国大使附近的公司里来。

杨国璋向柬埔寨红十字会捐款时，同洪森总理和柬埔寨红十字会主席文拉妮亲王合影

杨国璋与老人素不相识，询问何事而来。老人说出缘由，他来自中国，本来到金边考察商机的，年前准备回国，可是钱包和飞机票一起被人给抢了，没办法只好去找大使求助，希望大使馆能出资买张回国机票，赶在大年三十回家。可是，大使馆也没有这个政策，需要商量。这时，大使馆的一位工作人员给老人出了个主意："你去找杨国璋先生，他这个人为人十分友善，说不定能帮上你。"就这样，老人为了赶在大年三十前回家，找到了杨国璋寻

金边华人社团向杨国璋拜年讨彩头

求帮助。

杨国璋听老人说完事情的来龙去脉，也是感到莫名其妙。不过转念一想，异国他乡，老人孤助无援，后天又是大过年的，中国人讲究的就是个团圆，不能让这位老人一个人在金边街头过年呀！于是，杨国璋爽快地掏出 300 美元交给老人买机票。

老人一再道谢，并保证回国后一定奉还。杨国璋连连摆手道："大家都是华人，你赶紧去买机票回国跟家人团聚吧。"后来，中国大使馆还将这件善事记录在案。

当然也有些柬埔寨的老华人无事不登三宝殿，很多是在华人社团兼职，是为了募捐而来，对他们，杨国璋都是有求必应。虽

然年事已高，杨国璋奉献社会，乐善好施的热情一点也不比当年低。

杨国璋的记忆力很好，儿时的许多事情都记得很清楚，可是对于做过的好事却记得很少，总是在聊天中有意无意间带出来，连他自己都不知道原来这是一件善事啊。他认为，所有的事都是举手之劳，也相信因果报应，正因为这一件又一件的善事，使他在那个战争年代也能平平安安。

第八篇

夕阳韵

34

茶韵人生

在位于金边市毛泽东大道的老汉兴公司，进门处左手侧有一间小小的会客室，室内摆放着一套陈旧的沙发，一套茶具，一个摆满酒品的展示柜，四面墙上一些老照片和一些荣誉证书。这里便是杨国璋日常品茶、会友、谈商之所。一天中大半时间，他都在这间茶香袅袅的会客室里度过。

潮州人爱茶是出了名的，潮州的茶文化不仅在茶文化大国的中国内地有着一席之地，在海外，随着潮人的足迹，也传播到了全世界。杨国璋作为潮州人的后代，传承了祖祖辈辈对茶的爱恋。

潮州茶文化以“工夫茶”为著称。《清朝野史大观·清代述异》称：“中国讲求烹茶，以闽之汀、漳、泉三府，粤之潮州府工夫茶为最。”潮州工夫茶，起于明代，盛于清代，成为潮汕地区饮茶习俗的文化现象，是潮州饮食文化的重要组成部分。

在中国，潮州工夫茶不分雅俗，十分普遍，均以茶会友。不论是公众场合还是居民家中，不论是路边村头还是工厂商店，无处不见人们长斟短酌。品茶并不仅为了达到解渴的目的，而且还在品茶中或联络感情，或互通信息，或闲聊消遣，或洽谈贸易，潮州工夫茶蕴含着十分丰富的文化内容。

杨国璋对潮州工夫茶十分熟练，所用茶具精致小巧，冲茶前先烧开水，冲烫茶具，然后将茶叶装入茶壶，茶叶装至七八成，以初沸的水冲之，先用茶壶盖刮去，冲茶时溢出的白色茶沫，然后把茶壶盖好，即用开水冲淋壶盖。在筛茶前，杨国璋先烫杯，一可消毒，二可使茶杯升温，茶不易凉，也能使茶生香。

因潮州茶具小，客人则可以一啜而尽。小杯小杯地品，也是潮州工夫茶于一般喝茶的区别。品茶之意与其说为解渴，不如说在品味茶之香，在以茶叙情；另外，潮州工夫茶特别地讲究食茶的礼节，杨国璋会请客人先尝，有时还会拿出一些从越南或中国香港、中国澳门等地带回来的甜点让人品尝。

工夫茶一般不用红茶和绿茶，而用半发酵的乌龙、奇种与铁观音。很多人知道杨国璋爱茶，看望他时会以茶作礼物，却不懂潮州工夫茶之道，因此杨国璋待客时很少用朋友赠送的茶叶。

品茶不仅是为了喝，还可以用茶的文化底蕴为自己添一抹神韵，用茶的清香之气冲淡生活的烦恼，松弛绷紧的神经，充实自己的情感。苏辙有诗：“闽中茶品天下事，倾身事茶不知劳。”这可见茶的功效。杨国璋年近八旬，管理着公司几百号员工，因儿女很少在身边，很多事需要亲力亲为，喝茶提神对他而言十分重要。

在杨国璋的茶室里，常常坐满来自世界各地的朋友，他们有1975年逃离柬埔寨的老华人，有近几年来柬埔寨的生意人，不管认识还是不认识，只要来到，他都会泡上一杯浓浓的工夫茶，然后山南海北地扯几句，乐滋滋地站起来就走人了。特别是一些经历过生死、了解半个世纪前的老华人，往事不堪回首，他们在杨国璋这里感受到兄弟般的温暖，飘逸着茶香的房间里于是少了伤感、少了抱怨，多了亲情与彼此的关切和祝福。

除了以茶会友道，杨国璋对美食也很有研究，经常会宴请各方朋友。位于中国驻柬埔寨大使馆对面的老地方大酒店是金边著名的中餐厅，杨国璋每月都有十几次宴请安排在那里，以至于那里的服务员个个都认识他。其中，每周日上午是固定宴请老朋友的，这些客人中大多是来自世界各地的柬埔寨籍老华人，他们有的还亲切地称呼杨国璋为“少东家”。

老地方的大厨知道杨国璋来吃饭很少点菜，都是由大厨根据人数自己掌握数量。至于品种当然是最好的。一桌下来少不了三四百美元，为了这些远道而来的朋友，杨国璋心甘情愿。不过，杨国璋从来不在宴席上喝酒的，顶多一杯苏打水，偶尔会加上冰块。

杨国璋喜欢美食，但是没什么讲究，听说哪里菜品或点心口味不错，就想去尝一尝，哪怕是为了一碗潮州果条，他都宁愿坐半小

杨国璋与本书作者合影

时的车去吃。当年，夫人在北京治病时，吃过北京路边的烤红薯，至今念念不忘。

随着年纪越来越大，身体不如年轻，东西吃多了，难免不舒服。杨国璋有时如孩童般地自责：“看到好东西就想吃，一不小心吃多了，身体就难受。”不过，由于懂得养生，他的身体一直无大碍，口福很好。

35

齐享天伦

杨国璋有三儿四女共七个子女。七子在中国是吉祥的数字，古有“春秋七子”，即孔子、孟子、荀子、墨子、老子、庄子、韩非子，这七个人都给后世留下了深远的影响，可谓是中华文化的象征。因此，七子作为多子多福的象征，在南洋深入人心。

杨国璋 1958 年年初结婚，年底大女儿杨碧芳出生。二女儿杨碧娥出生于 1960 年，大儿子杨志铮出生于 1963 年，三女儿杨碧娇出生于 1964 年，二儿子杨志辉出生于 1966 年，四女儿杨碧华出生于 1967 年，小儿子杨志耀出生于 1968 年。

七个儿女虽然出生于柬埔寨，但是基本上不懂柬埔寨语。1970 年 10 月，朗诺政变后，华人华侨成为政治冲突下的牺牲品，受到长期的压制和摧残，全国华文学校被关停，杨国璋只好将子女送往中国香港读书。因此，他的孩子们都是在香港长大的。

红色高棉执政柬埔寨后，杨国璋夫妇从泰国辗转去了中国香港，在中国香港安家创业，算是过上了一段稳定的生活。由于早期的生活不安定，夫妇二人长期不在孩子身边，家业因战争也化为云烟，七个子女之中仅有小儿子杨志耀上过大学。不过，年少时的家庭经历，让几个孩子很小就养成了独立的习性，长大后也都是事业有成。

大女儿杨碧芳于1982年到法国发展，认识了当地同为华裔的丈夫，然后定居法国，同丈夫共同开创了快餐厅。1999年，中国对澳门恢复行使主权后，澳门房地产业迅速发展，杨碧芳同丈夫嗅出商机，转投澳门房地产业，取得巨大成功。

二女儿杨碧娥一直供职于德国著名的护发素生产企业威娜公司，现已经成为公司高管。丈夫是一名珠宝商。

大儿子杨志铮在香港从事保险业。杨国璋希望大儿子能接手柬埔寨的产业，因此很早便开始培养他，杨志铮也因此娶了个柬埔寨女人。目前，杨志铮已经开始替代杨国璋出席一些商业活动和慈善活动，包括每年中国—东盟博览会都由他带队去参展。他还是柬埔寨中国港澳侨商总会副会长。

三女儿杨碧娇嫁给英国人，丈夫从事会计师行业。

二儿子杨志辉年轻时热爱飞行事业，担任过国泰航空担任飞行员，后来下海创业，成立旅游公司，现已是多家旅游公司的老总。

四女儿杨碧华一直在中国发展，20世纪90年代初就已经在广东从事房地产业，目前做得很成功。

小儿子杨志耀毕业于香港城市大学，是一名银行家，做过瑞士、汇丰等多家银行的高管。

前中国驻柬大使潘广学（左四）出席杨国璋（左三）儿子喜宴

由于儿女都已成家立业，分布于亚欧多地，难得聚齐。但是，每年春节，杨国璋都会到香港过年，这时儿女们无论在哪里都要赶到香港同父亲吃一顿团圆饭，加上各自的家眷，要足足坐上两桌，这也是杨家聚得最齐，笑声最多的时刻。春节第二天，大家也就各奔东西，开始新一年的忙碌。

在柬埔寨，除了大儿子会经常在身边照看生意外，平时还有杨国璋在加拿大的三妹，也时常协助他的生意。其他的儿女中，也只有在英国的三女儿杨碧娇经常来柬埔寨看望他。所以，几个儿女很少与杨国璋在柬埔寨聚齐。唯一的一次是2008年，杨国璋七十大寿时，儿女们曾来柬埔寨为他祝寿。

家人聚会

不过，大儿子有两个女儿在柬埔寨出生，偶尔会来办公室，杨国璋见了两个小孙女也会忙里偷闲，含饴弄孙，其乐无穷。

杨国璋是闲不住的人，虽然早已过了退休年纪，但是他不想让儿女为自己操心，他深爱着自己的事业，希望永远能肩负着老汉兴酒业前行。

36

事业延续

岁月不饶人，面对越来越繁忙的公司事务，年近 80 的杨国璋已经开始考虑老汉兴酒业公司的传承问题了。

在杨国璋的面前有两个选择：一是在自己的子女中选择一个接班人，使其作为一个家庭企业传承下去；二是作为上市公司，公开招聘 CEO 或控股者主导业务。

一位与杨国璋颇为熟悉的经济学家认为，老汉兴酒业集团公司已经具备了打包上市的基本条件，借助国外同行业大公司的参股，是力士大补酒与 XO 金力士酒获得规模性扩张并打入国际市场的快捷方式。柬埔寨只有 1400 万人口，市场容量有限，而竞争却越来越激烈，老汉兴公司这些年行之有效的营销策略被越来越多的公司集资，保住现有的市场份额已经十分不易，扩大市场份额就更困难，在这种时候，如果能率先在资本运作上也走出一步，无疑帮助老汉兴更加的成功。杨国璋当然知道这样的好处，而且在进行实质性的推进。

中国中央电视台记者采访杨国璋

杨国璋一方面从儿女中培养接班人，另一方面积极联系中国内地有诚信、有实力的企业合作，将产品引入中国。

多年来，杨国璋一直在为产品进入中国打基础，十几年不懈地参加中国—东盟博览会已经为产品在中国打下了一些声誉。参加博览会的另一个目的，就是借机寻找一个合适的中国合作商。前些年，中国山东有一家企业曾通过博览会“绿色通道”，试探性地购进了一些产品，进行过宣传，但是没能延续下去。所以，杨国璋希望找一个同行业的、有实力的合作伙伴，一步一个脚印夯实中国市场的基础。

由于对中国市场的不了解，进入中国市场还存在很多的不确定因素。在没有找到合适的合作伙伴之前，杨国璋从自身入手，提高产品质量和生产能力。他说：“中国市场很大，各种体制完善，如果市场一旦打开，就要按时按量供货，因此，打铁还要自身硬。”

老汉兴公司的酿酒厂和装瓶厂房都位于金边郊区。整个工厂有二三百名工人，共有 3 条生产线。刷瓶、贴商标、灌装等都有一套严格的程序。杨国璋计划进一步扩大酒厂规模，以满足将来的中国市场。

打入中国市场是杨国璋的愿望，也是他事业可持续发展、做大做强的可行之路。他对中国有着深厚的感情，当前中国的经济形势很好，已经不再是父辈时代那个贫弱的国家，他从骨子里是深爱这个国家的。中国的人口多，市场大，而且药酒本身也是中华文化的一部分，在中国远比柬埔寨更容易让人接受。

年龄的增长，身体的老迈，杨国璋的心一天比一天急切。

“我已经老了”。这是法国著名作家杜拉斯讲述湄公河爱恋的不朽之作《情人》的开头。也许，看到开头，你会觉得拥有这样极富感染力的开头，整本书一定是写一个老人的故事。但是，当你越深入地看下去，会发现，这本书却叙述了一个十五岁法国少女和一个中国男人的青春爱情故事。

与杜拉斯的小说开头一样，2000 年 3 月 7 日，当杨国璋再次踏上柬埔寨的国土时，也有很多人对他说：“你已经老了。”然而，人生又一个四分之一的甲子过去了，他依然在为自己的事业奋斗着，精力如湄公河水一样绵延无止。

望着湄公河缓缓流淌着河水，杨国璋竭力远眺，仿佛探寻那千里之外的源头……

后 记

我眼中的杨国璋

2014 年 5 月的一个下午，我初次拜访著名华人、老汉兴集团董事长杨国璋先生。在位于金边市“毛泽东大道”的老汉兴公司一间小小的茶室里，杨国璋先生向我简要地讲述了他跌宕起伏的人生。那天，我们谈了三个小时，大多时间都是他在讲，我在听。临走时，他还热情地邀请我在公司门口合影。

作为土生土长的金边人，杨国璋先生见证了柬埔寨的独立，目睹了 20 世纪西哈努克时期“亚洲小巴黎”的繁华，经历了朗诺政变和红色高棉时期的国家阵痛，以及洪森时代经济的快速发展。杨国璋先生是第二代华人，他继承了中华民族智慧、勤劳、勇敢的传统基因，年轻时艰辛创业回报社会，中年时国家动荡避难海外，晚年时回国再起热衷公益。可以说，杨国璋先生一生的大落大起就是一部柬埔寨华侨的艰辛史、奋斗史、发展史，也是柬埔寨国家这个大环境政治、经济、文化变迁的缩影。

随着时间的遗忘，在这个经历长久战乱的国家，已经很少有华人如杨国璋先生一样经历丰富，有对国家历史的深刻感知。于是，在此后一年半的时间里，我经过与杨国璋先生几十次的交谈，真实地记录下了他具有历史内涵、平凡而有意义的人生篇章。在此期间，我们有说不完的话题，成为忘年之交，实为人生幸事，我个人也对杨国璋先生有了更深刻的了解。

杨国璋先生是一个慈祥的长者。他熟知《三国演义》，当年孔融与祢衡结为忘年之交时，“衡始弱冠，而融年四十”，二人相差二十岁。我与杨国璋先生年龄则相差四十多岁，他是友者，更是长者。异国他乡，每逢中国节日，我总能收到杨国璋先生在百忙中的问候和关心。

杨国璋先生是一个传道的师者。他为我传道、授业、解惑，用百折不挠的创业精神激励我前进，用渊博的知识为我普及柬、中人文历史，用丰富的人生经历激励我面对挫折。

杨国璋先生是一个快乐的智者。智者乐，仁者寿。他阅尽世间万物，悠然、淡泊，乐观地对待一切事物，爽朗的笑声总能给人传递正能量。他曾语重心长地对我说：“张照啊，人生无论遇到什么困难都要乐观地去面对。”

杨国璋先生是一个无惧的勇者。他很喜欢“老骥伏枥，志在千里”这句话，正因为有无畏无惧的精神，敢于接班家族产业便创立新品牌，敢于避难香港尝试不同行业东山再起，敢于年过花甲第三次创业并取得成功。

杨国璋先生是一个爱国的儒者。家国天下，对他而言不仅仅是一种儒家情怀，更是切身体会，植于生命的道义。杨国璋先生一生关心中国，永远深爱柬埔寨。他说："我是中国人的后代，割舍不了中国情，但我从小喝着湄公河的水长大，一定要对柬埔寨不离不弃。"

杨国璋先生一生以办实业为序幕，终生热衷于社会公益，他在柬埔寨艰苦创业及其生财与用财之道，不仅具有深刻的历史背景，而且对今天的华人华侨具有教育和引导作用，为后世之楷模。

谨以上文作为本书后记，感谢杨国璋先生带我走进他的人生，感受他青春的美好与纯真、爱情的平凡与坚贞、事业的辛酸与成功、做人的智慧与心态、做事的原则与哲理。

感谢中国驻柬埔寨王国特命全权大使布建国阁下在百忙之中为本书作序，感谢前中国驻柬埔寨大使张金凤阁下对本书的肯定和对我的鼓励，感谢著名东南亚问题学者邢和平先生在本书写作过程中的指导与关心，感谢柬埔寨《高棉日报》的支持，感谢出版人高文斐先生为本书出版提供的帮助以及我的爱人梁新玲女士对本书校对和对我写作的支持。

张 照

2016 年 3 月于金边